Saint-Lô
1864

Toustain de Billy, René

*Mémoires sur l'histoire du Cotentin et de
ses villes*

L.R.2
619

Je ne puis me rappeler ... L. M. Denis
... la ... de J. Tupper (cité ... 3055,

NOTA.—*La notice historique de Toustain de Billy et la fin des notes sur Saint-Lo et Carentan formeront une deuxième livraison qui paraîtra ultérieurement; les nombreuses recherches que nécessite ce travail ont forcé à le différer de quelques mois.*

Prospectus.

HISTOIRE
DU COTENTIN,

OU

MÉMOIRES

SUR LE DIOCÈSE DE COUTANCES;

par Toustain de Billy,

CURÉ DU MESNIL-OPAC, MORT EN 1709.

PREMIÈRE ÉDITION,

PUBLIÉE

AVEC DES NOTES ET ADDITIONS IMPORTANTES,

PAR MM :

J. Travers et L. C. L. Ragonde,

Membres de la Société des Antiquaires de Normandie.

3 VOLUMES IN-8°

QUI SERONT TIRÉS A 200 EXEMPLAIRES.

Depuis plus d'un siècle, les amis de nos antiquités locales copient ou font copier l'*Histoire du Cotentin* par Toustain de Billy. Manuscrite, elle a été exploitée avec profit par les différens auteurs qui ont écrit sur l'histoire civile ou ecclésiastique du département de la Manche. Trigan, Bisson,

MM. Houel, de Gerville et bien d'autres ont tiré grand parti des recherches du savant curé.

N'est-il pas étonnant que ce trésor de faits curieux, que cette précieuse compilation de chartes dont les originaux ont péri, n'ait jamais reçu les honneurs de l'impression? que cette histoire de nos villes soit abandonnée, depuis plus de cent-vingt ans, à l'impéritie des copistes?

Peu d'ouvrages ont autant souffert de cette négligence : le consciencieux Toustain est de plus en plus défiguré, à mesure qu'il se multiplie. Comme son style n'est point châtié et que d'ailleurs il a vieilli, on ne s'est pas fait scrupule de changer un grand nombre de ses locutions. Cette licence à l'égard de la forme s'est étendue involontairement au fond. Ajoutez que la plupart des copistes ont, dans leur ignorance du latin, rendu inintelligibles les passages très-étendus écrits en cette langue et cités par Toustain. Et puis, comme l'histoire de chaque ville est à part, on a rarement copié toute l'*Histoire du Cotentin*. Chacun a pris ce qui l'intéressait : l'habitant de Saint-Lo a négligé ce qui concerne la ville de Cherbourg, et réciproquement. De là l'extrême difficulté d'avoir un bon texte de l'ouvrage dont nous publions le prospectus.

A l'aspect des fautes, des lacunes, des interpolations, et plus encore du bouleversement des diverses parties qui composent le grand travail de Toustain dans toutes les copies que nous nous étions procurées, nous avions désespéré de jamais éditer son *Histoire*. La communication qui nous a été faite d'un excellent manuscrit de cet ouvrage, appartenant depuis un certain nombre d'années à la bibliothèque de Caen, et portant la date de 1728, nous a déterminés à sa publication.

Le manuscrit de Caen, le plus ancien que nous connaissions, est complet, fait avec soin, et dans un ordre naturel qui dénote la fidélité du copiste. En l'imprimant, nous pensons faire plaisir aux amateurs de nos antiquités.

Du reste, cet ouvrage ne mérite pas d'être recherché par les seuls habitans du diocèse de Coutances. On sait que les *Anglo-Normands* possédèrent long-temps notre territoire, et, depuis leur expulsion, il fut trop souvent envahi par eux, pour que, dans les *Mémoires de Toustain*, ne se retrouvent pas des faits nombreux qui tiennent à l'histoire de la Grande-Bretagne. Nous devons donc espérer que notre publication comptera des souscripteurs au-delà du détroit.

Nous ne parlons pas du puissant intérêt que doit offrir l'*Histoire du Cotentin* aux familles nobles de Normandie. Beaucoup d'entr'elles cependant y retrouveront des titres perdus, ou la confirmation de ceux qu'elles possèdent.

La copie qui nous servira pour l'impression renferme 760 pages in-4°. On jugera de l'importance du mss. par la table des matières, que l'on va lire :

Au texte de Toustain de Billy , nous ajouterons , comme complément, une Histoire des évêques de Coutances, traduite du latin de Toustain lui-même et continuée par le traducteur jusqu'en 1739 (1) ; un Pouillié du diocèse de Coutances ; peut-être aussi le poème de Guillaume Ybert sur Saint-Lo ; le procès-verbal de l'entrée de François I⁰ʳ dans cette ville, etc. Leur insertion dépendra de la grosseur des volumes et du nombre des souscripteurs.

Notre édition, destinée à remplacer des mss. aussi incorrects qu'incomplets , conservera un mérite qu'a toujours eu l'Histoire du Cotentin, celui de la rareté. Elle ne se tirera qu'à *deux cents exemplaires* , qui seront numérotés par les éditeurs , à l'exception de ceux qui sont destinés au dépôt légal et aux journalistes.

L'ouvrage aura trois volumes in-8°, imprimés sur beau papier. A la fin du second , nous donnerons la liste de MM. les souscripteurs.

Pour les *cent* premiers , le prix sera de 21 fr. l'exemplaire : pour les autres , de 25 fr. , et plus tard , pour les non-souscripteurs , de 30 fr. au moins.

On souscrit, sans rien payer d'avance, chez les éditeurs, MM. Travers , régent de rhétorique au collége de Saint-Lo ; Ragonde , régent de 3ᵉ au collége de Cherbourg ; à Paris, chez Lance, libraire, rue du Bouloy , n° 7 ; et à Londres, chez Dulau et Cᵒ., libraires, soho square.

Il se tirera quelques exemplaires sur papier vélin, au prix de 42 francs.

Les lettres doivent être affranchies.

L'ouvrage ne paraîtra point , s'il ne se présente pas un nombre de souscripteurs suffisant pour couvrir les frais.

(1) Cette traduction est d'autant plus précieuse que l'original est probablement à jamais perdu.

SAINT-LO, IMPRIMERIE DE J. ELIE.

MÉMOIRES

SUR

L'HISTOIRE DU COTENTIN ET DE SES VILLES.

VILLES DE SAINT-LO ET DE CARENTAN.

MÉMOIRES

SUR

L'HISTOIRE DU COTENTIN

Et de ses Villes,

PAR MESSIRE RENÉ TOUSTAIN DE BILLY,

PRÊTRE, DOCTEUR EN THÉOLOGIE, CURÉ DU MESNIL-OPAC,

Publiés par la Société d'Archéologie et d'Histoire naturelle du département de la Manche.

⁓⊚⁓

PREMIÈRE PARTIE.

VILLES DE SAINT-LO ET CARENTAN.

SAINT-LO,

IMPRIMERIE D'ELIE FILS, RUE DES PRÉS, 5.

MDCCCLXIV.

VILLE DE SAINT-LO.

La ville de Saint-Lo porte d'argent à la licorne de
sable, au chef de gueules chargé de trois fleurs de lis
d'or (1).

Elle est située sur un rocher haut et escarpé, qui
termine une montagne : elle est presque carrée, mais
plus longue que large. Cette longueur est du levant au
couchant, et contient de grandeur environ huit arpents
de plan dans l'enceinte de ses murailles. Elle pouvoit
autrefois passer pour une place forte à cause de sa
situation, des tours, et de ces murailles dont elle étoit
formée; mais depuis l'usage du canon elle a perdu cet
avantage, étant dominée de tous côtés par un terrain

1

plus élevé que le sien, d'où elle peut être battue en ruine. Aussi ne voyons-nous point qu'elle ait été assiégée sans avoir été contrainte de se rendre.

Un poëte du siècle dernier, nommé M. Ybert (2), écrivant en vers les raretés de cette ville, sa patrie, dans un poëme imprimé que nous citerons souvent, parlant de ces murailles, [*dit*] :

> Mœnia Sanlaudi praeruptis edita saxis
> Tarpeiasque suis imitantia turribus arces ;

[Et feu M. de la Haulle-Duchemin (3), lieutenant-général du bailli de Cotentin en cette ville, dit d'elle, dans une élégie imprimée à la tête de ce poëme dont nous venons de parler, qu'elle est :

> Clara viris operisque potens, francaeque monetae
> Sanlaudus sedes tertia, dives opum.]

Cette ville a au midi un ruisseau nommé *Torteron,* dont elle est divisée d'un faubourg et d'une élévation appelés *Béchevel* et *la Grande-Rue ;* elle en a au nord un second nommé *Dolée,* qui la sépare du faubourg de *Saint-Georges* : elle est terminée au couchant par la rivière de Vire, qui la sépare de la paroisse et du faubourg d'*Agneaux ;* enfin, elle a au levant une citadelle couverte de deux demi-lunes ou ravelins, pour lui servir de défense du côté de l'abbaye et du faubourg appelé *le Neufbourg.* Notre poëte en fait cette description :

Nam tribus allueris, Sanlaude, tribusque redundans
irrigat unda tuos hortos; et strata viarum.
Tortero labentis rauco tibi murmure rivi
Obstrepit a dextra, a læva ruit amne Dolrus
Præcipiti, pronumque suis caput obruit undis
Tertius amborum, cujus tua mœnia fluctus
Stringit ad occasum, sed claudet Viria carmen.

Ces ruisseaux sont comme la cuve des fossés de la
ville, et ces hauteurs que nous avons désignées en sont
comme la contrescarpe; ils sont bordés de tous côtés
par une très-grande quantité de maisons habitées par
un grand nombre d'ouvriers qui travaillent à toutes
sortes de métiers, mais particulièrement aux serges et
aux cuirs, à quoi ces eaux qui ne tarissent point sont
fort propres, sans parler d'un grand nombre de boutiques pleines de toutes espèces de marchandises.

L'on entre en la ville par deux portes, l'une au midi
nommée *Torteron,* et l'autre au nord appelée de *Dolée,*
flanquées chacune de deux grosses tours à l'antique
avec leurs ponts-levis et avant-portes : il y en avoit une
troisième au levant, nommée la porte du *Neufbourg,* du
nom du faubourg où elle conduisoit, mais elle fut bou-
chée, lorsqu'on fortifia la citadelle.

Je n'estime pas cette ville tout-à-fait ancienne. Ce
poëte, que nous venons de citer, dit que tout son territoire étoit une forêt qui fut peu à peu défrichée par les
habitants du pays, et que ce rocher sur lequel elle est
située fut taillé exprès pour y bâtir une forteresse par
ces mêmes habitants du pays, et que pour ce sujet cette
place fut premièrement appelée *Roche-en-taillade :*

Arboribus quondam densis umbrosa virebat
Sylva tegens dumis horrentia lustra ferarum.
Hujus in extremis nubes urgere minaci
Vertice visa fuit rupes, quæ victa labore
Indigenum, ruptoque æquata cacumine ferro
Sustinet impositam priscis a civibus urbem.

Ni lui, ni aucun autre écrivain qui me soit connu. n'a marqué le temps de cette première fondation. On ne trouve point cette ville dans l'Itinéraire d'Antonin. Le premier logement au sortir de *Crouciatouum*, ou Carentan, est *Augustodurum*, que l'on croit être *Thorigny*. Il y a néanmoins à une lieue de Saint-Lo, vers le levant, en la paroisse de Semilly, quelques vestiges d'une ancienne ville, ou château, que les habitans du pays appellent *le Vieux Saint-Lo*, où l'on a trouvé et trouve-t-on encore fort souvent des médailles très-anciennes, et même des premiers Empereurs : les savants jugeront si ce ne seroit point plutôt le véritable *Augustodurum* (1), plutôt que notre *Thorigny*.

Je suis persuadé, après avoir lu la remarque du savant M. de Valois, que *Briovère* a été le premier nom de notre ville. Le premier lieu , pour ne pas dire l'unique, où l'on trouve ce nom est au 5e concile d'Orléans, tenu l'an de J.-C. 549, aux décrets duquel saint Lo, 5e évêque de Coutances, est souscrit en ces termes : *Lauto , episcopus ecclesiæ Constantinæ vel Briove-rensis.* Ce qui ayant fait croire au père Sirmond et à ceux qui ont réformé notre bréviaire, que *Briovère* étoit l'ancien nom de la ville de *Coutances*, M. de Valois dit

qu'ils se trompent ; que ce terme *Briovère* signifie *pont sur Vire*, de la même manière que *Brisserte* signifie *pont sur Sarthe*, Briolay, *pont sur Loir*, ainsi que plusieurs autres dont il donne des exemples, *bris* ou *brio* ou *briva* étant un ancien terme gaulois dont on se servoit pour signifier ce que nous appelons un *pont*. Voici ses termes sur celui de *Brioverensis* : « Non quod
» Constantia votere nomine dicta sit Briovera, ut Sir-
» mundus putat ; sed quod Lauto, Constantiæ episcopus,
» vir sanctitate vitæ insignis, in castro diœceseos suæ
» Briovera plerumque sedem haberet, et loci amœnitate
» delectaretur. *Briovera* autem dicta est quasi *Bria* aut
» *Briva Veræ*, hoc est Pons Veræ : ut *Brisserta Bria*
» aut *Briva Sartæ*, hoc est Pons Sartæ Sertœve, vulgo
» *Brisserte ;* Brioledum, vel Brioletum, *Briolay*, *Bria*
» vel *Briva Lodi Lidive*, id est Pons Lodi. Salbria
» trunco nomine, vulgo *Salbris*, quasi Saleræ Bria vel
» Briva, id est Pons Saleræ ; Carobriæ, *Chabris*, Bria-
» vel Brivæ ad Carum in Biturigibus. Dicta, inquam, .
» est *Briovera*, quia pontem habebat Veræ flumini im-
» positum, quemadmodum *Brisserta* Sartæ, *Brioledum*
» Lodo. Brioveram autem existimo esse locum diœ-
» ceseos Constantinæ, qui ab ipsomet Lautone vel
» Laudo, episcopo quondam suo, postea novum nomen
» accepit, et deposita priore appellatione vocari cœpit
» *castrum S. Laudi*(*). »

(*) Hadr. Valesii *Notitia Galliarum*, V BRIOVERA.

Ce nom de Briovère fut effectivement changé en celui de *château de saint Lo* après la mort de cet évêque, et tous les auteurs qui en ont écrit depuis l'ont appelé *le château* ou *la ville de Saint-Lo*. Réginon, abbé de Pruym, qui écrivoit au IXe siècle, c'est-à-dire environ trois cents ans après la mort de cet évêque, ne lui donne point d'autre nom. Parlant du retour des Normands infidèles, en cette basse province : « Quoddam « castellum, » dit-il », in Constantiensi territorio, quod « ad sanctum Lod dicebatur, obsident, etc. » L'auteur du *Gesta Normannorum* (chez Duchesne), lui donne le même nom, parlant du même retour : « In territorio « Constantiæ civitatis circa castrum S. Laudi sedem sibi « faciunt. » Ces passages témoignent que cette dénomination est ancienne : on me permettra de dire ce que je pense de la raison ou cause de cette dénomination.

J'estime donc que saint Lo, 5e évêque de Coutances, étoit seigneur et propriétaire, par succession de ses père et mère, de la seigneurie de Briovère et de tout ce que l'on appelle maintenant *la baronnie de Saint-Lo*, et qu'étant devenu évêque de Coutances, il la donna et l'unit à son église et à ses successeurs évêques, qui en ont toujours joui depuis jusqu'en l'an 1576 qu'ils la perdirent par le mauvais ménage d'Artur de Cossé, 70e évêque de cette ville, comme nous dirons en son lieu. Pour bien comprendre ce que nous disons, on voudra bien se donner la peine de remarquer que :

1° L'usage de doter son épouse de ses héritages patrimoniaux a été autrefois fort commun parmi les bons évêques, aussi bien que parmi les religieux. Pour n'en citer que deux exemples, Jourdan Tesson (5), baron de Nonant et fondateur de l'abbaye de Monlilée, devenu évêque de Lisieux, donna à son église cette baronnie et cette abbaye, c'est-à-dire cinq ou six paroisses auprès de Bayeux, les détachant de cet évêché. De même, Philippe de Harcourt, seigneur de Cambremer et fondateur de l'abbaye du Valricher, devenu évêque de Bayeux, unit à son église cette seigneurie qui est proche la ville et au milieu de l'évêché de Lisieux. On pourrait fournir beaucoup d'autres exemples semblables.

Nous devons penser la même chose de Briovère. Ce château, avec cinq ou six paroisses qui le joignent, savoir : Sainte-Croix, Sainte-Marie, Saint-Thomas, Saint-Georges de Moncocq, Saint-Ouen de Baudre et le Mesnil-Rouxelin, étant au-delà, c'est-à-dire à l'orient de la rivière de Vire, étoient naturellement du diocèse de Bayeux. Elles en furent, du consentement de Leucadius, évêque de cette ville, et de son clergé, détachées et unies à celle de Coutances ; et, pour indemniser l'église de Bayeux, l'évêque Lo et son clergé consentirent que ce que nous appelons l'*Exemption du Cotentin*, c'est-à-dire les paroisses de *Sainte-Mère-Eglise*, *Neuville*, *Chef-du-Pont*, *Lieusaint* et *Vierville*, fussent détachées de Coutances, pour être unies à l'église de Bayeux, ainsi que le témoigne le savant Robert Cenalis, évêque d'Avranches. *De Re Gallicâ*, lib. 2, f° 162 v° : « Est et aliud, » dit-il, « paralipomenon super planum divi Laudi, quod, ut in Baroniam erigeretur ex consensu

» Baiocassini præsulis, Constantinianus clerus Baiocas-
» sino permisit in compensationem eas quæ mox se-
» quuntur decurias, seu parochias : Christiferæ scilicet
» virginis montanæ, vulgo Saincte Marie du mont, ad
» littus Oceani ; Altare insuper Virville ripense ; in me-
» diterraneis autem phanum Matricis Ecclesia, vulgo
» saincte Mere Eglise ; Neovillam , Neuville ; Caput
» Pontanum, Chef du Pont (6). »

2° Il n'y a pas de titre positif de cette donation, que
nous croyons avoir été faite de cette seigneurie par ce
cinquième évêque de Coutances ; mais il y a mille raisons de n'en pas douter. Presque tous les fiefs, terres
et paroisses, qui font le meilleur revenu et le plus noble ,
revenu de l'église de Coutances de temps immémorial,
et sont les plus belles prébendes, sont ou ont été
mouvantes et dépendantes de la seigneurie de Saint-Lo ;
telles que sont les paroisses de Blainville, dont la prébende appartient au Chantre, c'est-à-dire à la première
dignité du Chapitre ; Courcy et ses fiefs, dont Artur de
Cossé, en aliénant Saint-Lo , retint la seigneurie, aussi
bien que celle de Blainville ; Trelly, où il y a trois prébendes ; Quibou et la Mancellière, en chacune desquelles
il y a trois prébendes ; Saint-Samson, où il y en a une ;
Saint-Martin-de-Bon-Fossé, dont l'évêque est patron ;
Saint-Ebrémont-de-Bon-Fossé, dont le patronage a été
donné par un évêque à l'abbaye de Saint-Lo ; Saint-
Gilles, où il y a une prébende (7) et dont le patronage
des deux cures appartient à l'évêque ; et enfin les églises
de Baudre , de Moncocq, du Mesnil-Rouxelin, dont

les patronages ont tous été aumônés à cette même
abbaye. De toutes lesquelles paroisses les fiefs et ar-
rière - fiefs sont encore présentement relevants de la
seigneurie de Saint-Lo, et rendent aveu au seigneur de
Matignon, au droit des évêques de Coutances, ainsi que
faisoit autrefois Canisy, et que font encore les fiefs de
la paroisse de Gourfaleur, dont il reste encore une
partie de la dîme à l'évêque ou chapitre de cette église.
Il y a donc toutes les apparences du monde que celui
qui a donné le château du Pont de Vire et son domaine
le plus proche aux évêques de Coutances , comme aux
chefs de cette église, a aussi donné, pour l'honneur
et l'entretien des membres de cette même église, les
autres domaines et dépendances de ce château ; et je
ne crois point que ç'ait été d'autre que ce saint Prélat
dont il porte le nom : *Castrum sancti Laudi.*

Quelques-uns ont pensé que saint Lo étoit chancelier du roi Childebert, que ce monarque érigea cette seigneurie en baronnie en faveur de ce ministre et voulut
qu'elle portât son nom. J'ai un manuscrit composé autrefois par un fameux avocat de Saint-Lo, nommé *La
Commune-Ravend* (8) : il y est dit que le roi Childebert,
second fils du grand Clovis, voulut ajouter à la mitre et
à la crosse de l'évêque Lo la couronne de baron ; et « ce
» fut, dit-il, en sa faveur qu'il fit cette place, qui est
» d'une assiette agréable et élevée sur le bord d'une
» rivière, une baronnie, et changea le nom de cette
» place qui s'appeloit autrefois *Sainte-Croix,* du nom
» de son église, pour lui donner celui de *Saint-Lo.* »

Feu M. de la Haulle ajoute, en son élégie, que cet évêque étoit chancelier de ce monarque Childebert, lequel en faveur de ce ministre honora cette ville du titre de baronnie et du nom de *Saint-Lo :*

> Urbi sola placet verus decor, aurea virtus,
> Et quæ sola viros nobilitare potest :
> Hinc Laudi præfert nomen posuitque vetustum
> Excisæ rapis, plebis ut ora ferunt ; }
> Laudibus exultat Laudi, mirabile dictu !
> Qui sanctus, regni quique minister erat.

Il explique à la marge le terme de *minister* par celui de *chancelier : Cancellarius Childeberti regis.*

Et notre poëte, traitant du même sujet, chante ainsi :

> Claruit urbs opibus populoque frequentior ipsa
> Exstitit, indigenæ virtutis conscia Laudi
> Præsulis, abjecto veteri laudabile nomen
> Induit, a Laudo Saulaudus nomine dicta.
> Ast hinc o felix, iterum mutatio felix
> Nominis, a divo summoque incepta ministro,
> Childeberte, tuo, meritis tua regia cujus
> Hanc prius in dotem pietas donaverat urbem ;
> Unde sibi fixa concessis sedibus aula,
> Pontifices longos nomen tenuere per annos.

Je ne sais où ces écrivains ont pris ce que nous venons de rapporter d'eux, mais je ne vois pas qu'il y ait rien qui répugne à croire que saint Lo ait, comme nous avons dit, fait présent de cette seigneurie à son église du consentement du roi Childebert, et que cette

seigneurie ait été érigée en baronnie par la bonté et
l'autorité de ce monarque *(a)*.

La première chose qui se présente, après ce que nous
venons de dire, est l'établissement de l'église paroissiale de ce lieu en *Collégiale*, fait par Charlemagne au
commencement du IX⁰ siècle ; mais, auparavant que d'en
parler, il sera bon de remarquer ce que M. le président
Fauchet dit du Cotentin et de l'état où il étoit avant et
même depuis le règne de ce monarque : « Le Cotentin,
» dit-il, du temps mesme de nos rois Mérovingiens, estoit
» habité par les Sesnes, pirates ; et semble avoir esté
» abandonné par les Charliens, comme variable et trop
» esloigné de la correction de nos rois, aux Normands et
» autres escumeurs de mer, pour estre cette terre, comme
» une presque isle, séparée de la terre ferme (*). »

Cet état du Cotentin obligea Charlemagne de donner
son attention au château de Saint-Lo (9), à cause de
sa situation avantageuse : il le fortifia, pour être place
frontière et comme un boulevart contre les incursions

(a) VAR. Je ne sais où ces écrivains ont pris ce qu'ils en disent ;
mais je ne vois rien qui répugne à croire que saint Lo ait donné cette
seigneurie à son église, sous le bon plaisir du roi, sans le consentement duquel il ne pouvoit rien faire ; et la raison pour laquelle le
château du *pont de Vire* a changé son nom en celui de *château de
saint Lo*, peut être par l'appellation du roi même, ou par celle du
public qui, comme on sait, donne souvent aux maisons, châteaux ou
seigneuries, le nom des personnes distinguées à qui ils appartiennent
ou qui les ont fait bâtir.

(* Claude Fauchet : ANTIQUITÉS FRANÇOISES, liv. XI, ch. 11.

des barbares ; et, comme il étoit un prince très-pieux, il ne s'applique pas moins à la gloire de l'église qu'à la sûreté de son état *(a)*.

Ce qui fait maintenant trois paroisses n'en étoit alors qu'une, sous le titre de *Sainte-Croix*.

Un docteur de Paris, natif de Carentan, nommé Robert Le Rocquez (10), qui vivoit du temps de Henri II au fils duquel, François, dauphin de France et roi d'Ecosse, il a dédié son œuvre, chante, au feuillet 93 de ses recherches, parlant de ce même Charlemagne, sur l'an 805, que :

> Construire il fist, sur roche divisée,
> Une cité Saincte-Croix appelée,
> Qui maintenant de Sainct-Lo tient le nom,
> Ville moult forte et d'antique renom.

L'auteur du manuscrit que nous avons déjà cité, feu M. de La Commune-Ravend, soutient que cette église avoit été bâtie, dès le temps du grand Constantin, par les soins de sainte Hélène, sa mère, en l'honneur de la sainte Croix, sous l'enseigne de laquelle ce prince avoit vaincu Maxence, laquelle avoit été trouvée par

---

(*a*) Var. Comme il étoit un prince autant pieux que politique, il ne voulut pas moins s'appliquer à l'honneur de l'église qu'à la sûreté de l'état. Il crut donc que les fidèles de ce canton seroient mieux servis par une communauté d'ecclésiastiques, lesquels, unis sous le gouvernement d'un supérieur, s'appliqueroient uniquement à chanter les louanges de Dieu, à instruire les peuples, et à leur administrer les sacrements.

cette princesse [*dans les ruines de Jérusalem*]. Il ajoute
qu'on a des titres par lesquels il paroit que les limites
de cette paroisse s'étendoient, comme il se voit, « usque
» ad ripam fluminis Viriæ », comprenant tout l'enclos
de la ville, ses faubourgs, et le territoire qui est dépendant des paroisses que nous avons nommées (11).

Enfin, l'auteur du *Neustria pia* en parle ainsi :
« Phanum divi Laudi, Neustriæ inferioris nobile oppi-
» dum est, quinque leucis ab urbe Constantiensi, super
» Viriam fluvium, a Carolomagno olim fundatum anno
» 805, et a Sancta Cruce tunc denominatum, etc. » Il
ajoute un peu après : « Illic igitur, in suburbio tamen,
» nobilis consurgit abbatia ejusdem S. Laudi titulo insi-
» gnita : olim siquidem ea ecclesia S. Stephani proto-
» martyris nomen præferebat, cui Collegium Canoni-
» corum deserviebat; sed lapsu temporis ob ingentia
» merita ipsius S. Laudi, maxime vero propter quam-
» plurima inibi ad sacras ejus reliquias cœlitus edita mi-
» racula, de suo nomine deinceps appellationem tulit. »

Sur quoi il est bon de remarquer : 1° que ce qu'il
dit d'abord est conforme aux termes de Robert Le Rocquez que nous venons de citer ; 2° qu'il ne cite point
d'auteurs, et que nous n'en connoissons point, qui aient
écrit que l'église de Sainte-Croix ait été, en quelque
temps que ce soit, dédiée à saint Etienne; 3° qu'il a pu
arriver que ces chanoines commis par **Charlemagne** à
desservir cette église aient eu une dévotion particulière
à ce premier des martyrs, ce qui seroit conforme à la
croyance commune des habitants de cette ville, qui

assurent qu'en mémoire perpétuelle de ceci, le prédicateur ordinaire qui a prêché l'*Avent* dans l'église Notre-
Dame, est en obligation, le jour de saint Etienne, de
faire le sermon en l'église de l'abbaye ; 4° enfin, que cet
auteur n'y prend pas garde, lorsqu'il dit que le changement du nom de cette église, savoir, de *Saint-Etienne*
en *Saint-Lo*, est venu de la multitude des miracles
faits aux reliques de ce saint évêque : « propter quam-
» plurima inibi ad sacras ejus reliquias cœlitus edita
miracula », puisqu'il est très-certain, comme nous
l'avons dit, qu'avant l'an 1079 de J.-C. il n'y avoit, ni
en ce lieu-là, ni en aucun autre du voisinage, aucune
portion des reliques de Saint-Lo.

Sur le grand portail de cette église, au-dehors, on
voit la figure en relief d'une espèce d'animal qu'on dit
être un ours, dont la tête a été arrachée. Cet ours paroît
enchaîné d'une grosse chaine qui descend en demi-
cercle des deux côtés du portail, et se termine à deux
petites figures aussi en relief qu'on croit avoir été celles
de deux anges, ou celles de la Piété et de la Religion,
ce qui ne peut pas être présentement bien distingué, le
temps en ayant consommé la meilleure partie (a). Notre
poëte en fait mention en ces vers :

(a) Van. Sur le grand portail extérieur de cette église de Sainte-
Croix, on voit une figure en bosse, qu'on dit être celle d'un ours dont
la tête, qui est tournée vers le bas, est coupée. Cet ours paroît enchaîné
de deux grosses chaines, qui descendent de chaque côté et se terminent
chacune en une petite figure aussi en bosse et qu'on ne peut pas bien
distinguer, le temps les ayant presque tout-à-fait ruinées.

Posterior Crucis est tectis, quæ proxima surgunt,
Quæque stetisse ferunt longo prius inter opacas
Horrentesque feris sylvas qua, Dæmone pulso,
Crux aperiret iter nobis, ut limina monstro
Colla catenato signata monere videntur.

Il ne paroit point du tout que ces figures aient été placées hors d'œuvre : les pierres sur lesquelles elles ont été taillées sont de la même [teinte] et de la même manière que le reste du bâtiment, et il est visible qu'elles ont été maçonnées en même temps que le surplus du pignon (a).

Il y a, sous la troisième arcade de ce portail, deux figures, l'une de saint Lo et l'autre de cette femme aveugle à laquelle on dit qu'il rendit la vue. Sur la figure de cet évêque est écrit : SANCTVS LAVDVS ; et sur celle de cette femme : LVMINIS HABITVM PRIVATIO DIRA NEGAVERAT SED EVM ILLI DOMINVS PRO MERITIS REPARAVIT (12).

Ces figures et ces pierres sur lesquelles elles sont peintes paroissent nouvelles et avoir été ajoutées hors d'œuvre (b).

Quelques-uns assurent que ce temple est plus ancien

(a) VAR. [Il est à] remarquer qu'il est évident que ces figures n'ont point été ajoutées ni mises hors d'œuvre, [puisque] les pierres sur lesquelles elles ont été faites et élevées [sont] de la même teinte et de la même manière que le reste du bâtiment et maçonnées en même temps que le reste du pignon.

(b) Mais ces pierres et cette écriture paroissent avoir été faites bien postérieurement à l'ours.

que le christianisme; qu'il étoit consacré à la déesse Cérès, et que cette figure enchaînée et la tête arrachée est celle d'un de ces animaux qui détruisent les moissons et pour lesquels elle avoit aversion : d'autres pensent plus vraisemblablement que ce monstre est le symbole du paganisme enchaîné, renversé et la tête coupée par les lumières et la force de la religion chrétienne.

Enfin, c'est une tradition commune et constante, comme nous l'avons dit, que ce fut Charlemagne qui établit en cette église une communauté ecclésiastique, sous le nom de *Chanoines*, pour y chanter jour et nuit les louanges de Dieu, et veiller à la conduite spirituelle des habitants de cette ville et des environs. Ce furent ces chanoines qui, vers le milieu du XIIe siècle, étant trouvés s'écarter trop des règles de leur devoir, furent chassés de cette église, pour y en établir de *Réguliers*, comme nous dirons bientôt.

[Et, sur ce que nous venons de dire de cette église bâtie et tout au moins peuplée de Chanoines, notre poëte de Saint-Lo chante, en la page 18 :

Non minus hæc a te posita, et pro more calenti
Thure dicata Deo, sese splendoris habere
Jactat adhuc hodie, memori pietate litando
Manibus ipsa tuis, francorum Carole regum
Gloria, qui magni debes victricibus armis
Nomen, et implesti tantis virtutibus illud,
Ut quondam pietas æqui cum Martis amore
Juncta fere tibi terrarum subjecerit orbem,
Ac tandem superum victor successeris aulæ.]

Telles que fussent les fortifications de la ville de Saint-Lo, elles ne purent la garantir contre la fureur et la perfidie des Normands. Algeronde, 28° évêque de Coutances (13), s'y étoit retiré avec ce qu'il avoit pu ramasser de ses misérables diocésains, comme dans le seul lieu qu'il croyoit assuré contre leur rage; ils l'assiégèrent à leur retour du pillage de la Champagne et de la Bourgogne. Ils trouvèrent moyen de couper l'eau aux assiégés : la soif obligea ces malheureux de se rendre aux seules conditions de la vie; mais les Normands faussèrent leur foi, et, lorsqu'ils furent sortis de leurs forts, ils les égorgèrent tous impitoyablement, eux et leur évêque. C'est ce que nous apprenons de Réginon, et de tous les historiens qui ont écrit après lui, au passage dont nous avons déjà rapporté une partie et que voici en son entier :

« Anno dominicæ incarnationis DCCCXC. Nortmanni
» a Matrona fluvio exeuntes Parisios revertuntur. Et
» quia omnimodus descensus fluminis per pontem pro-
» hibebatur, tertio castra locant, et iterato certamine
» prædictam urbem impugnant. Sed civibus audaciter
» reluctantibus, Nortmanni desperatis rebus naves per
» terram cum magno sudore trahunt; et sic alveum
» repetentes, Britanniæ finibus classem trajiciunt.
» Quoddam castellum in Constantiensi territorio, quod
» ad sanctum Lod dicebatur, obsident, et accessum ad
» fontem aquæ ex toto prohibentes, oppidanis siti ares-
» centibus, fit deditio, eo pacto, ut vita tantum concessa,
» cætera tollerent. Illis a munitione progressis, gens

2

» perfida fidem et promissa data prophanat, omnesque
» absque respectu jugulat, inter quos Episcopum Cons-
» tantiensis ecclesiæ interimunt. »

L'auteur du *Gesta Normannorum* que nous avons
aussi cité, ajoute qu'ils rasèrent cette malheureuse ville :
« Laudi castrum, interfectis habitatoribus, funditus ter-
» ræ coæquatum. » C'est sur le même an 890.

Enfin, notre poëte, décrivant le même malheur de
sa patrie, dit que les Normands

Agmine prorumpunt grassante per arva, per urbes,
Sanlaudique fero pertentant milite muros
Huctenus intactos ; portis pars omnibus instat,
Ne via, qua fugerent, obsessis ulla pateret ;
Pars negat accessus vicini ad fluminis undas,
Truncatisque tubis, illos a fontibus arcet ;
Jamque fames aderat, miserisque perusserat artus
Importuna sitis, cum demum pacis iniqua
Conditione, manus, urbem seseque dedere,
Qua sibi concessa tantum vita hostis haberet
Cætera ; proh facinus ! mœstis abeuntibus urbe,
Ausa fidem violare datam gens perfida, sævo
Haud procul a castris jugulum mucrone resolvit :
Nec pius antistes, densum delapsus in hostem,
Civibus ipse fuit fatis melioribus usus,
Pectora perfossus gladio templum inter et aras ;
Hinc nulla constare fide Normannus habetur.

Nous devons remarquer de ce que nous venons de
dire qu'alors il n'y avoit en cette ville ni puits ni
citernes, et que l'eau dont on y avoit besoin venoit
1° du côté de Saint-Georges, par un aqueduc qui, tra-

versant le vallon de Dolée, la conduisoit au milieu de la
ville (on prétend montrer encore présentement quelques
vestiges de cet aqueduc au-dessus de la maison qu'a
fait bâtir depuis peu un maréchal nommé *Sarrazin);*
2° d'une source qui est au-dessus de l'abbaye, vers le
levant, sur le chemin de Caen, où l'on trouve et voit-on
encore quelques canaux (14). Notre poëte ne les a pas
oubliés, et n'a pas manqué à nous décrire, d'une manière
élégante, les diverses manières dont ces fontaines
répandoient leurs eaux dans leurs réservoirs et par toute
la ville :

> Huc gelidos olim fontes longeque petitos,
> Errantesque vago media tellure mentu
> Confluxisse notant passim vestigia cæca,
> Undique quos patulo congestos ore vomebat
> Arduus hic solido spirans e marmore Bacchus ;
> Illic Alcides, obverso ad sidera vultu,
> Naribus efflabat sævos effusus in iras ;
> Hic Arethusa timens, ne ferret damna pudoris,
> Alpheum in lacrymas udis solvebat ocellis, etc.

La religion chrétienne amollit le cœur farouche des
Normands ; il nous reste un million de monuments de
leur piété et de leur sagesse. Le Cotentin, lors de leur
conversion, qui fut l'an 912, se trouvoit sans habitants,
sans villes et sans églises (a). Rou, le premier duc de

(a) VAR. Théodoric en étoit évêque alors, mais de nom seulement.
Raoul, premier duc de Normandie, lui donna, au milieu de la ville de

— 30 —

ces nouveaux convertis, donna à Théodoric, 30ᵉ évêque de ce pays désolé, l'église de *Saint-Sauveur*, appelée maintenant de *Saint-Lo*, qui est au milieu de la ville de Rouen, pour lui et ses successeurs évêques de Coutances, non-seulement pour être leur église, leur siége et leur diocèse, jusqu'au parfait rétablissement du Cotentin, mais pour tous les siècles à venir, ainsi que nous le trouvons dans tous les historiens, et particulièrement dans ce fameux registre du Chapitre de Coutances dont voici les termes :

« Igitur Rollo, qui et Robertus nomine sacri Baptis-
» matis, dedit eamdem ecclesiam, in qua sunt præ-
» dictorum sanctorum (*) corpora suscepta, B. Laudo,
» necnon et domino Theodorico, qui tunc temporis
» Constantiensis episcopus erat, et omnibus succes-

Rouen, l'église de *Saint-Sauveur* qu'on appelle maintenant de *Saint-Lo*, non-seulement pour y demeurer, lui et ses successeurs, jusqu'à ce que le Cotentin fût peuplé, et la ville et l'église de Coutances rebâties, mais, comme portent nos mémoires, pour toujours : *jure perenni.* Théodoric et ses successeurs y demeurèrent 86 ans, savoir : depuis 914 jusqu'en 1000, auquel an Herbert, notre 31ᵉ évêque, quitta Rouen pour venir faire sa résidence à Saint Lo ; il ne fut qu'un an évêque de Coutances : il permuta cet évêché à celui de Lisieux ; et celui-ci, nommé Robert, 1ᵉʳ du nom, suivant les traces de son prédécesseur, prit résolution de demeurer absolument en la ville de Saint-Lo, jusqu'au parfait rétablissement de son église de Coutances, laquelle il fit commencer en 1003, comme nous dirons ailleurs.

(*) *Nempe :* « Sanctorum episcoporum constantiensium, Laudi
» atque Rumpharii.» (*Gall. christ. tom. XI. Inst. Const. eccl., col.*
217)

« soribus ejus jure perenni, terramque concessit juxta
« prædictam ecclesiam, ubi maneret episcopus et cle-
« rici sui. »

Théodoric et ses successeurs demeurèrent à Rouen
jusqu'au commencement de l'onzième siècle, auquel
temps Robert, 1er du nom, 35e évêque de Coutances,
quitta cette demeure, pour venir faire sa résidence en
cette ville de Saint-Lo.

La ville de Saint-Lo est redevable à cet évêque de
son rétablissement, de la réparation de ses murailles, de
ses tours et de ses anciennes fortifications (a). C'est lui
qui fit faire ce que nous appelons le *Palais épiscopal*, du
moins en partie, et qui érigea en paroisse Notre-Dame-
de-Saint-Lo (15), qui n'était avant lui que ce que l'on
appelait Sainte-Marie-du-Château, *Sancta Maria de
Castello*.

> Unde liquet nobis quantum mutatus ab illa
> Sit locus ædicula, quæ divæ dicta Mariæ
> Nomine *de Castro* steterat prius ardua saxo.

On pourra remarquer, par ce que nous dirons dans
la suite, que cette église n'est parvenue en l'état qu'elle
est, que par degrés et par le bénéfice du temps, pour

(a) VAR. La ville de Saint-Lo est redevable à cet évêque de la
réparation de ses murailles, de ses tours, de ses anciennes fortifications, de son palais épiscopal, et de la plus grande partie de son
église. Cette église était alors peu de chose, et simplement la *chapelle du château*, nom qui lui est resté long-temps après ; et nou-

parler ainsi. Il est vrai néanmoins qu'elle est redevable de ses fondements à Robert Ier, qui est celui-là même qui, à l'aide de la princesse Gonnor, des seigneurs du Cotentin et des princes de la Pouille, Calabre et Sicile, les seigneurs de Hauteville, commença de réédifier l'église cathédrale de Coutances.

Il la détacha de l'église de Sainte-Croix ; mais il voulut que l'un des chanoines qui desservoient cette église fût, au choix du supérieur, nommé pour la desserte de cette nouvelle paroisse, de laquelle la dime et les autres droits et honneurs demeureroient toujours à ces chanoines de Sainte-Croix ; et, pour monument perpétuel de ce que nous disons, cette rue, qu'on appelle de *la Peuferie*, qui est bordée d'un côté par les maisons du presbytère et l'église Notre-Dame, qui se termine de l'autre à la porte de Torteron, et en laquelle sont les siéges du Bailliage, de la Vicomté et de l'Election, est encore restée membre et dépendance de la paroisse de Sainte-Croix (16).

Nous avons remarqué le bon ménage de Geffroy de Montbray, successeur, en l'évêché de Coutances, de ce Robert Ier dont nous venons de parler, par lequel il augmenta le revenu de Saint-Lo d'une somme considé-

avons vu plusieurs titres où elle est simplement appelée *Sancta Maria de Castello.* Un chanoine de Sainte-Croix y desservoit : elle en fut séparée et faite *paroisse particulière,* lorsque les Chanoines *réguliers* furent établis en la place des *séculiers* par Algare, 40° évêque de Coutances, au temps que nous marquerons.

rable *(a)*. Le même registre du Chapitre, duquel nous
avons tiré ce que nous en avons dit, ajoute qu'il fit
beaucoup d'autres augmentations à cette ville. On avoit
détruit le pont qui étoit sur la rivière de Vire ; il étoit
d'une trop grande commodité pour le commerce du
Cotentin et l'avantage de la ville de Saint-Lo, pour le
laisser en cet état : Geffroy le fit rebâtir. On voit encore, lorsque l'eau est basse ou claire, les fondements
des arcades du premier, un peu au-dessous de celui qui
y est maintenant par les soins de ce prélat (17). Les
maisons de l'Hôtel-Dieu et celles de la rue d'Agneaux,
du côté du nord, sont bâties sur l'entrée et la sortie de ce
premier pont.

Ce fut encore par les ordres de cet évêque que les
moulins de cette ville furent construits sur cette rivière,
et [*que*] les écluses et *perrées* qui y conduisent l'eau
furent faites : « Ibique stagnum cum molendino, et
» lapideum pontem supra Viriam condidit. »

Cet évêque commença son épiscopat en l'an 1049 et
mourut en 1093 (18) ; ce fut entre ces époques que ce
pont et ces moulins furent édifiés.

(a) VAn. Geffroy de Montbray, successeur de ce Robert I", est
remarqué dans les anciens registres du Chapitre de Coutances, pour
avoir si bien ménagé de la ville de Saint-Lo, que le cens qui n'étoit
que de 15 liv. par an, il le fit monter jusqu'à 220 liv. : « Burgum
» sancti Lauli qui est supra Viriam fluvium adeo viriliter incremen-
» tavit, ut teloneum quod erat quindecim librarum fieret ducentorum
» vigenti. »

Je ne trouve rien digne de mémoire jusque vers l'an
1139, auquel la ville de Saint-Lo fut exposée à un
second siége, dont voici la cause en peu de mots :

Henri, 1er du nom , roi d'Angleterre et duc de
Normandie, mourant sur la fin de l'an 1134, ne laissa
qu'une fille nommée Mathilde : cette princesse fut premièrement mariée à l'empereur Henri IV ; mais étant
mort sans enfants, elle épousa en secondes noces Geffroy Plantagenest, comte d'Anjou. Ce mariage fut fait à
Lisieux par la volonté du roi, mais contre celle des seigneurs d'Angleterre et de Normandie : ainsi donc,
quoiqu'ils eussent promis à ce monarque de reconnoître
cette princesse pour leur souveraine, après sa mort,
ils crurent pouvoir se dispenser de leur serment, et
couronnèrent Etienne, comte de Boulogne, son neveu,
roi d'Angleterre et duc de Normandie, au préjudice
de la princesse Mathilde. Ce fut la cause d'une longue
et sanglante guerre entre ces deux maisons de Boulogne et d'Anjou. Nos historiens en font d'affreuses
peintures.

En l'année que nous venons de désigner, 1139,
la fortune se déclara pour le comte d'Anjou ; il vint
en Normandie, et la plupart des villes, de gré ou de
force, se soumirent à lui. Il descendit en cette basse
province ; il commença par Avranches, dont l'évêque
et les habitants allèrent au-devant et le reçurent comme
leur seigneur ; il vint de là en notre ville : voici la
manière qu'il y fut reçu, au rapport du curé de Man-
neval : « Saint-Lo fortifié et muny par l'Evesque de

» Constances fit mine de vouloir se deffendre, mais
» dans trois jours il luy ouvrit les portes (*). »

Cet évêque est le fameux Algare, 40ᵉ prélat de cette
église. Il avoit estimé devoir, comme les autres, soutenir les intérêts de la maison de Boulogne; mais,
ayant examiné plus mûrement le droit de la princesse
Mathilde, et voyant que tout se rangeoit de son côté, il
ne jugea pas à propos d'exposer davantage son peuple
et sa ville au sort des armes; il la rendit à bonne composition et y reçut le comte d'Anjou.

Ce même Algare est illustre parmi les évêques de
Constances par sa piété, et renommé par l'affection particulière qu'il avoit pour les Chanoines réguliers; c'est
lui qui les a établis en ce diocèse, à Saint-Lo de Rouen,
en la ville de Saint-Lo, [en] celle de Cherbourg, et à
Saint-Hélier de l'île de Jersey, où ils étoient autrefois.

Il commença par notre ville, où voyant que par l'injure des temps la discipline ecclésiastique s'étoit tout-
à-fait relâchée parmi les chanoines [séculiers] que
Charlemagne avoit commis à servir Dieu en l'église de
Sainte-Croix, il jugea à propos d'y en faire venir de
réguliers du fameux prieuré de Sainte-Barbe en Auge;
la piété desquels étoit en très-grande réputation partout,
sous la discipline d'un prieur, illustre en saint[eté],
nommé Guillaume. Il n'entreprit pas ce dessein à la
légère: il en avoit consulté le pape Innocent II. dès l'an

(*) Gabr. DUMOULIN, *Histoire générale de Normandie*, page 357.

1132, comme je l'estime; le bref de ce pontife est daté
de Vienne, en Dauphiné, auquel lieu je ne trouve pas
qu'il ait été en toute autre année que celle-là.

Voici quelques termes de ce bref : « sancti Laudi
» quœ in civitate Rhotomagensi sita est ecclesiam , et
» sancti Laudi in Constantiensi episcopatu cum pertinen-
» tiis et libertatibus suis, vobis ut ad canonicum ordinem
» redigatis assensu principis , concedimus. Audivimus
» enim ibi seculares irregulariter vivere, etc. (19). »

L'époque de l'établissement de ces *réguliers,* s'il n'y
a point d'erreur, est marquée, dans un ancien registre
en forme de martyrologe, la même année du second
siége de Saint-Lo dont nous venons de parler, 1139,
en chiffres romains , de cette manière : « Anno domi-
» nicæ incarnationis MCXXX°IX° indictione II° , pridie
» nonas aprilis, Algarus episcopus posuit canonicos re-
» gulares in ecclesia sancti Laudi (a). » J'ai dit *s'il n'y a
point d'erreur* en ce chiffre, parce que tous les historiens

___

(a) VAR. D'où l'on doit corriger l'auteur du *Neustria pia,* qui
marque cet établissement à l'an 1149 ou l'an suivant.

Ce fut alors que l'église de Sainte-Croix fut divisée, le chœur pour
les chanoines, et la nef pour y faire les fonctions curiales, desquelles
le soin fut commis à un de ces chanoines, au choix de l'abbé.

Ce fut aussi en ce temps-là que la *chapelle du Château* fut érigée
en *église paroissiale,* et ses limites déterminées. Il est assez remarquable que ces limites, dans la ville, ne s'étendent pas plus loin, du côté
du midi, que l'épaisseur des murailles de cette église, la rue nommée
de la *Peufrie,* où sont tous les siéges de la juridiction de Saint-Lo,
Vicomté, Bailliage et Election, et toute [son] étendue jusqu'à la porte

qui font mention de cette abbaye, posent l'époque de cet établissement en un autre temps; [mais il y a plusieurs raisons du contraire,] une desquelles [est que] la *seconde indiction* ne peut convenir qu'à celle de ce registre et que nous venons de marquèr (20).

La chronique de Normandie remarque que dix ans après (21) la terre trembla à Saint-Lo, le premier jour de janvier 1159. Voici ses propres termes :

« Anno Domini MCLIX kalendis januarii terræ motus
» accidit in pago Constantino, castro S. Laudi, circa
» horam primam (*). »

Les centuriateurs de Magdebourg disent la même chose.

L'histoire de saint Thomas, archevêque de Cantorbery, fait une grande particularité dans le siècle dont nous parlons : la vie de ce prélat est publique, mais non pas tout-à-fait ce que nous avons à en dire ici.

de Torteron, étant de la dépendance de Sainte-Croix ; comme si ce grand évêque, qui sépara Notre-Dame de Sainte-Croix, avoit voulu faire connoître que celle-ci, dont le territoire s'étendoit jusqu'à ses portes, étoit toujours la primitive, et n'avoit d'autre autorité et étendue que ce qu'elle avoit emprunté d'elle. Et l'abbé, conservant toujours ces droits de supériorité, qu'avoient eus les doyens des Chanoines séculiers, ses prédécesseurs, se réserva, à lui et à ses vicaires, l'administration de ces églises.

Le *Livre noir* de l'évêché de Coutances dit sur ce sujet : « Omnium » ecclesiarum Sancti Laudi patronus abbas Sancti Laudi deservit per » canonicos suos, et percipit totum. »

(*) Roberti de Monte *Appendix ad Sigebertum*, ap. Dom Bouquet, *Rerum Gallicar. et Francicar. scriptor.* tom. XIII, page 304.

On raconte donc que, retournant de son exil et passant par Saint-Lo, il remarqua qu'on bâtissoit une église à l'orient du château, au lieu où est présentement le jardin du presbytère (22), sur ce terrain qu'on appelle *les Champs-Saint-Thomas ;* qu'il s'informa sous quel titre on avoit dessein de la dédier à Dieu ; et, les ouvriers lui ayant fait réponse qu'ils n'en avoient point la connoissance, il ajouta qu'il seroit bon qu'elle le fût sous le nom du premier martyr qui répandroit son sang en l'honneur de J.-C. — Je n'aurois pas rapporté cette histoire, qui pourra paroître fabuleuse aux gens de notre siècle, si ce n'est que je la trouve écrite dans les vers de feu M. Ybert, dans la description qu'il fait de cette église ruinée en ce lieu où elle fut premièrement bâtie, et rééditée depuis sur le bord du ruisseau [*de*] Torteron, où elle est présentement ; et que , par une tradition commune, presque tout le monde de cette ville le croit :

Nempe stetere prius campo, cui proxima nomen
Fana dedere suum, quod nescius ipse futuri
Proemiuit Thomas, posita dum numinis ira
Lætus ab exilio rediens patriosque penates
Santaudo repetens, moliri mœnia templi
Vidit, et hæc summo Regi, qui numine complet
Omnia, quique suo firmavit pondere terram,
Suasit ab indigenis sacrari nomine primi,
Qui modo pro Christo caram cum sanguine vitam
Funderet ; at, mirum ! Thomæ sors contigit, et mox
Impia purpureo rubefecit tela cruore !
Martyris hinc dictum Thomæ de nomine templum.

— 20 —

En effet, cet archevêque ayant été assassiné dans son
église, le 29 décembre 1171, et canonisé au commencement du carême 1173, l'église qu'on édifioit à Saint-
Lo, en son honneur, se trouva en état d'être dédiée le
28° jour de juillet, l'an suivant, 1174 : elle le fut ce
jour-là, et en même temps érigée en paroisse par l'ad-
jonction de plusieurs maisons, terres et cantons qu'on
détacha de celles de Sainte-Croix et de Notre-Dame ; et
le soin de cette paroisse donné à l'abbé de Saint-Lo,
pour y pourvoir, et à ses religieux, pour y être pourvus.
Tout ceci paroît par l'acte qui en fut dressé par ordre
de Richard de Bohon, 41° évêque de Coutances, qui y
étoit présent, et qui fit faire cette dédicace par Regnauld,
évêque de Bath-Wells, en Angleterre ; le voici en sa
langue originale :

« Anno ab incarnatione Domini M°. c°. LXX°. III°,
» quinto calendas Augusti, prece et interventu domini
» Constantiensis episcopi Ricardi, et Willelmi, abbatis
» sancti Laudi, dedicavit venerabilis Reginaldus, Batho-
» niensis episcopus, apud sanctum Laudum ecclesiam
» quamdam in nomine Domini et in honore beatissimi
» martyris Thomæ, Cantuariensis episcopi, ipso jam
» dicto Ricardo episcopo præsente, et Guillelmo abbate
» sancti Laudi, cum maxima parte cleri et populi ; et in
» perpetuam parrochiam assignatæ sunt eidem ecclesiæ
» terrulæ istæ quæ erant de parrochia sancti Laudi et
» sanctæ Mariæ de Castello, cum earum habitatoribus,
» salva sepultura cœmeterii sancti Laudi, a porta Balii
» ex utraque parte usque ad vicum Papede et usque

» ad domum Barboti, hamellum Lignerolles, mansuro
» Gaiteril Rosselli cum toto Maisnilio Croc, et Campouls
» totum cum fonte de Mesnilio Roscelini. Concessit
» autem supradictus episcopus Constanciensis prœno-
» minatam ecclesiam abbati et canonicis sancti Laudi in
» perpetuum quietam et liberam ab omni exactione et
» consuetudine ; suoque prœterea sigillo fecit consignari,
» dominusque episcopus Bathoniensis suo, et jam dictus
» abbas Willelmus similiter suo. Testibus his Savarico,
» Willelmo , Ricardo , Roberto archidiaconis ; Petro
» capellano, Ricardo de Polleio , Rudulpho de Gerzalia
» clericis ; de luicis Roberto Nicera, Rogerio Serricico,
» Marino de Periers et Thoma filio ejus, Milleio et
» Silvestro, et multis aliis (23). »

Lors de l'établissement des Chanoines réguliers en
l'église de Sainte-Croix, elle fut séparée. Le chœur fut
destiné pour ces religieux , et la nef resta pour la
paroisse, à la desserte de laquelle fut commis un des
religieux de leur corps. Ce chœur fut réparé et accom-
modé à la manière de ces chanoines, en sorte que
s'étant trouvé en état d'être dédié au commencement du
XIIIe siècle , il le fut solennellement par Vivian, 43e
évêque de Coutances, assisté de Guillaume, 28e évêque
d'Avranches, au nom de saint Lo ; le tout par les soins
de Robert du Molay, sixième abbé de ce lieu. L'acte
qui en fut dressé commence ainsi : « L'an depuis l'in-
» carnation de Notre Seigneur J.-C., 1202, Gaultier
» étant archevêque de Rouen, et Vivian évêque de Cou-
» tances, l'an 4e du règne du roi Jean, Robert du Molay

» étant abbé de ce lieu, cette église a été dédiée en
» l'honneur de saint Lo, notre patron, par ledit Vivian
» et par Guillaume, évêque d'Avranches, etc. »

Je laisse le surplus de cet acte, étant inséré en sa
langue dans le *Neustria pia* (24).

Cette année 1202 est célèbre pour avoir donné
commencement à cette grande révolution par laquelle
cette province fut enfin ôtée aux Anglois descendus des
ducs des Normands, et remise sous l'obéissance des
François, après en avoir été séparée près de 300 ans *(a)*.

Il y avoit guerre entre Jean, roi d'Angleterre, et Arthur, son neveu, lequel traitoit son oncle d'usurpateur.
Arthur fut pris devant Mirebeau, conduit prisonnier à
Falaise, puis à Rouen, et enfin tué par cet oncle. Cette
action barbare rendit Jean odieux à tout le monde, et le
rendit lui-même presque stupide. Philippe II, surnommé *Auguste*, régnoit alors en France ; la mère du
défunt lui en porta sa plainte, comme au juge de l'un et

(a) VAR. Cette année 1202 est célèbre pour avoir donné commencement à cette grande révolution par laquelle le règne des princes
normands, aussi bien que des Anglois qui en étoient descendus, finit
en France.

Saint-Lo fut dans une parfaite paix sous le règne de ses légitimes
seigneurs, les rois de France ; l'abondance et la piété y régnèrent ; et
Hugues de Morville, 44e évêque de Coutances, seigneur temporel et
spirituel de cette ville, ayant fait dessein d'y fonder un hôpital, les
chartes des donations qui y furent faites, et qu'on y conserve encore,
sont un témoignage authentique de la grande libéralité et de la charité
des seigneurs et de divers autres particuliers de ces temps-là.

de l'autre ; et ce monarque sut si bien profiter de l'occasion, qu'en très-peu de temps il se rendit maître de la province, et presque de toutes les terres que les Anglois possédoient au-deçà de la mer. L'histoire en est publique ; aussi n'en parlé-je que parce que notre ville fut une de celles qui se rendirent sans résistance et de leur bon gré, suivant en cela l'exemple des meilleures places, mais spécialement celui de Coutances, sa ville épiscopale, ainsi que le rapporte d'elle et de quelques autres, Guillaume Le Breton, en sa Philippide (*) :

Sese sponte sua praeclari nominis urbes
Subjiciunt, Sagium, Constancia, Lexoviumque.

Ce fut aussi vers le commencement de ce XIII° siècle que fut bâti et fondé l'Hôtel-Dieu de Saint-Lo, sous les auspices et par les bons avis du fameux Hugues de Morville, 44° évêque de Coutances, et fondateur de celui de sa ville épiscopale. Les habitants de Saint-Lo prétendent être les fondateurs du leur : je ne le dispute point (25). Il est pourtant redevable de la plupart des grands revenus qu'il a eus autrefois, et du peu qui lui en reste, à bien d'autres bienfaiteurs que ses bourgeois, ainsi qu'en font foi les anciennes chartes dont on conserve encore des copies dans un vieux registre en parchemin.

(*) Guill. Bartonis Aremorici *Philippidos* lib. VIII, ap. Duchesne, *Histor. Francor. scriptor.* tom. V, pag. 183.

L'administration, au moins spirituelle, en fut donnée aux chanoines réguliers et [à l'] abbé de Saint-Lo : l'église même fut érigée en *paroissiale*, dont les curés, qui devoient toujours être du même ordre, étoient présentés par l'abbé et institués par l'évêque ; et il y avoit encore ceci de singulier qu'on n'y recevoit de religieux que par l'approbation et la permission de l'évêque. Nous avons plusieurs exemples de ces faits, tirés des registres du secrétariat de l'Evêché ; peut-être l'occasion se présentera-t-elle d'en rapporter quelques-uns *(a)*.

Cependant nous rapporterons l'établissement d'une confrérie des tisserands de Saint-Lo, érigée en cette église de l'Hôtel-Dieu et approuvée par le même prélat, Hugues de Morville, en l'honneur de sainte Catherine, patronne de cette église ; auxquels furent donnés certains statuts ou règlements que chaque particulier du métier étoit en obligation d'observer sous peine

(a) VAR. L'administration, au moins pour le spirituel, de cet Hôtel-Dieu fut donnée aux chanoines réguliers ; et l'église, ou pour le moins une partie d'icelle, fut établie *paroissiale* sous le nom et titre de *Sainte Catherine de l'hôpital :* la présentation de laquelle appartenoit à l'abbé de Saint-Lo pour un chanoine régulier, et la collation à l'évêque, ainsi que j'ai vu par plusieurs actes contenus dans les anciens registres du secrétariat de l'Evêché, desquels peut-être en rapporterons-nous quelques-uns ailleurs ; et il y a encore ceci de particulier qu'on ne recevoit point de religieux en cette maison que par la permission et approbation de l'évêque. Nous en produirons aussi plusieurs exemples.

3

d'amende : 1° chaque ouvreur , boutique ou métier,
paieroit par chacun an, le jour de la Toussaint, six
deniers audit hôpital ; 2° aucun ne tisseroit avant le
jour ; 3° on cesseroit de travailler au son d'une certaine
cloche destinée pour cela ; 4° aucun ne tisseroit à moins
de quatorze cents, à peine de trois sols d'amende, dont
lui évêque en auroit douze deniers , l'hôpital autant,
et le surplus seroit pour le corps du métier *(a)*. En voici
l'acte extrait [*des archives*] du même Hôtel-Dieu :

« Universis sanctæ matris Ecclesiæ filiis Hugo, Dei
» gratia Constanciensis ecclesiæ minister humilis, salu-
» tem in Domino. Noveritis universitatem Texorum
» Sancti Laudi corum nobis congregatam ex assensu et
» voluntate nostra statuisse sua spontanea voluntate
» quamdam confratriam in honore beatæ Katerinæ vir-
» ginis , sub hac forma : Unumquodque ministerium
» reddet annuatim sex denarios usualis monetæ hos-
» pitali Sancti Laudi ad festum Omnium Sanctorum.
» Item statutum est inter ipsos quod non incipient texere

(a) VAR. On pourra voir en la vie de cet évêque Hugues, et en la
page 27 de notre recueil, une charte par laquelle il confirma l'établissement d'une confrérie [*des tisserands de Saint-Lô*] en l'honneur de
sainte Catherine de cette Maison-Dieu, auxquels notre évêque donna
certains statuts et réglements, qu'ils seroient obligés d'observer, dont
les principaux étoient que chaque métier paieroit tous les ans, à la
Toussaint, six deniers audit hôpital ; qu'aucun [*ne tissefoit*] avant
le jour, et qu'aucun ne tisseroit en moins de quatorze cents, sous peine
de trois sols d'amende, etc. Cet acte est, comme on verra, de 1231.

» donec dies eis lucem sufficientem ministraverit ad
» texendum. Statutum est etiam quod non texent ali-
» quem pannum in minus quam quatuordecim cente-
» nariis staminis, et cessabunt texere ad classicum cu-
» jusdam campanæ quam inter se constituent. Et si forte
» ipsis dictis constitutionibus aliquis contraire præ-
» sumpserit, tres solidos tur. solvere tenebitur pro
» emenda; quorum nobis duodecim, dicto hospitali duo-
» decim, et dictæ confratriæ duodecim [*denarii*] persol-
» ventur. Et hoc futuris temporibus tenere et fideliter
» observare tactis sacrosanctis evangeliis juraverunt.
» Nos vero constitutionem istam gratam et ratam ha-
» buimus, inhibentes districtius ne de cætero aliquis in
» villa Sancti Laudi ministerium texorum tenere præ-
» sumat, nisi dictæ constitutioni se voluerit obligari.
» Quod ut ratum sit et stabile perseveret, ad eorum
» instanciam præsentibus litteris sigillum nostrum ap-
» posuimus. Actum est hoc anno Domini m° cc° xxx°
» Quarto ».

Il y a, en ce même Hôtel-Dieu, un ancien livre en
parchemin (26), vers la fin duquel est une espèce de
Manuel de prières et un très-long rôle ou catalogue des
bienfaiteurs de cette maison, pour lesquels on doit
prier ; lequel commence en ces termes :

« Nous prieron Dieu et notre dame sainte Marie et
» toute la compaignie de Paradis pour la pais, que
» nostre seigneur Ihesu-crist par sa grace la nous en-
» voit du ciel en la terre, telle comme il soit que mestier
» est.

» Nous prieron pour notre saint pere le pape, pour
» les cardineaux, pour les archevesques, pour les
» evesques, pour prestres, pour clercs, pour toutes
» gens de Religion, que notre seigneur Ihesu-crist leur
» prest grace de faire et dire tel service que ce soit au
» prouflt et au salut de leur ames.

» Nous prieron pour madame la Rayne, pour le duc,
» pour la duchesse, pour tous leurs bons conseils, que
» notre seigneur Ihesu-crist leur doint si segnorier
» en ceste mortel vie, que le peuple que eulz ont soubz
» eulz se puissent vivre bien et loyaument soubz la
» misericorde de notre seigneur ihesu-crist et soubz
» la lour.

» Nous prieron pour tous loyaux laboureux, que notre
» seigneur Ihesu-crist leur prest grace de faire tel la-
» bour en ceste mortel vie, que ce soit au prouflt et
» salut de leur ames.

» Nous prieron pour tous loyaux marchans, soient
» en mer ou en terre, especialment pour tous ceulx qui
» font et rendent leur devers a Dieu au soustenement
» de cest hostel, que notre seigneur Ihesu-crist par sa
» sainte grace leur prest grace de faire telle marchan-
» dise en ceste mortel vie, que ce soit au prouflt et salut
» de leur ames.

» Nous prieron pour toutes fames grosses deuffant,
» que le fruit qui est dedens elles que notre seigneur
» Ihesu-crist l'amaint a sainte crestienté.

» Nous prieron pour ceulx qui sont en estat de grace,
» que notre seigneur Ihesu crist par sa sainte grace

» les y maintiegne jusques en la fin ; et ceulz qui n'y
» sont, que il les y vuille mettre.

» Nous prieron pour tous enchartrez, en especialment
» pour ceulz qui sont en chartre de pechie mortel, que
» notre seigneur Ihesus-crist les en vuille jeter brief-
» ment par vraye confession , par vraye repentance ,
» par vraye penitance en faire.

» Nous prieron pour tous ceulz qui mettent de leur
» biens au luminaire Notre Dame, que notre seigneur
» Ihesu-crist de la soue lumiere les vuille enluminer.

» Nous prieron pour les bienfaiteurs de cost hostel
» qui bien y ont faict et qui bien y feront, des biens que
» eulx y ont fait et que ils y feront notre seigneur Ihesu-
» crist leur en vuille rendre bon guerredon.

» Nous prieron pour tous desconseillies, que Dieu les
» vuille conseiler ; et pour tous desavez que Dieu les
» vuille mettre en bonne voye ; et pour tous orphelins,
» que Dieu leur soit pere et amy. Et si prieron pour
» nous mesmes, qui sommes ordenés et establis au ser-
» vice de Dieu faire et dire, que notre seigneur Ihesu-
» crist nous prest grace de le faire et dire en telle ma-
» niere que ce soit au proufit et salut de nous ames.

» Nous prieron pour le fruit de la terre qui mis et a
» mettre y est, que notre seigneur Ihesu-crist le vuille
» croistre et moutcplier en telle maniere, que loyales
» diesmes et loyales omosnes en soient faites a Dieu, et
» que sainte eglise en soit servie et honnourée; et que
» le menu peuple sen puissent vivre sous la misericorde
» de notre seigneur Ihesu-crist.

» Nous prieron pour tous enfermes, en especial pour
» les malades qui sont pour le present en cest hostel,
» que ils puissent estre paciens en leur enfermetés,
» et que Dieu leur envoit la santé qui leur est profitable
» a lame et au corps.

» Et pro omni populo Xpistiano, qui in Deum credit,
» ad Deum de cœlis. Pater noster. Ps. Deus misereatur
» nostri, etc.

» Kyrie eleison, etc.

» Domine salvos fac reges, etc.

» Oratio. Ecclesiæ tuæ, quæsumus, preces placatus
» admitte, etc.

» Omnipotens sempiterne Deus, etc.

» Deus, a quo sancta desideria, etc.

» Après nous prieron pour tous les trespassés, qui
» cest meison fonderent en lonneur de Dieu et de la
» virge Marie, et de madame sainte Katherine, virge,
» que Dieu merci leur faiche. »

Sont ensuite les noms des défunts pour lesquels on
doit prier. Du très-grand nombre de ces noms, nous
avons jugé à propos d'extraire ceux-ci, que nous avons
cru les plus considérables, et [de] les insérer ici :

L'évêque Hue.	Raoul et Colin Carbonnel.
Guil. de Vernon, chevalier ;	Guil. Grosourdi, et sa femme.
Alix et Éuves, ses femmes.	Gillain, évêque de Contances.
Richard de Reviers.	L'archidiacre de Saint-Pelle-
Soupire de Bayeux, et sa	rin.
femme.	Robert de Launoy.

Michel du Roquier.

Jean, évêque de Coutances.

Robert Gervaise.

Robert de Quetehou, prêtre.

Jean de Villiers.

Pierre Grosparmy, chantre de Coutances.

Colin Pierrepont.

Eustache, évêque de Coutances.

Jean de Grouville.

Pierre Adigart.

Mathieu d'Essey, chanoine de Coutances.

Robert, évêque de Coutances.

Pierre Le Roux.

Michel de Silly.

Geffroy Varroc.

Raoul de Poilly.

Raoul ès-Espaules.

Jean Le Jolis.

Pierre Paisnel.

Robert de Huberville.

Thomas de Baudre.

Guillaume de Canville.

Jean d'Amigny.

Richard de Normendie.

Guillaume de Thieuville, évêque de Coutances.

Simon de Tolevast.

Nicolas de Hambye.

Guillaume de Saint-Gilles.

Simon du Teil.

Jean de Carnetours.

Richard Béchevel.

Pierre de Houesville.

Richard et Nicolas de Costentin.

Renouf d'Argences.

Guillaume Le Gascoin.

Robert de Beuseville.

Robert de Remilly.

Guillaume Patrix.

Richard de Cérences.

Henri de Coustanville.

Dodeman de Saint-Sauveur.

Geffroy de Maricorne.

Jean de Bréheuf.

Colin du Moustier.

Jean Pelevillain.

Jean de Méautis, écuyer.

Robert et Thomas de Couvert.

Jean de Rousseville.

Thomasse de Bourdeaulx.

Katherine du Flaguey.

Jullen de Kaboure, archidiacre de Cotentin.

Guillaume Le Cheminant.

Etienne Le Forestier.

Thomas Harenc.

Pierre Le Prevost.

Robert de Bérigny.

Jean Haultfuney, évêque d'Avranches.

Robert de Hauteville.

Colin de Parfouru.

Jean du Quesne.

Geffroy et Guillaume de la Maire, chevaliers.

Perrote des Genesteys.

Laurent du Castel.

Guillaume Guerout.

Richard de Saint-Frémond.

Richard de Héville, chevalier.

Geffroy d'Yvetot, chanoine de Coutances.

Roger Pinchon.

Thomas Leroy, prêtre.

Raoul de Quiebouc, chanoine de Coutances.

Robert Goubert, archidiacre de Coutances.

Robert de Conteville.

Guillaume de la Haye.

Pierre de Montmartin.

Jean de Saint-Marcouf, chevalier.

Richard Fouquet.

Thomas de Saint-Aubin.

Jean de Saint-Ouen.

Guillaume de Thère.

Jean du Hommet, chevalier, seigneur de la Varengière.

Colin Pitellou, écuyer.

Jean de Falaise, écuyer.

Jean de Cotigny.

Jean de Belval.

Guillaume de Boutemont, chevalier.

Guyard de Harcourt, évêque de Lisieux.

Guill., Guissart et Richard Convenant.

Guill. de Neufmesnil, chevalier, et Guill. de Neufmesnil, écuyer.

Richard du Périers, archidiacre de Cotentin.

Mathieu de Semilly.

Raoul Tesson, prêtre.

Thomas de Daie, prêtre.

Thomas de Cambernon.

Jean de Soule, prêtre.

Raoul de Semilly, clerc.

Jean de Hugueville.

Thomas de Cerilly.

Gilbert de Vierville.

Pierre de Quesneguerin.

Jean du Chastel.

Jeanne Sushart.

Richard Le Duc.

Raoul de Campeaux.

Jean Tubœuf.

Jean Tournebu.

Roger Mauvesin.

Robert de Saint-Evrémont.

Phelipot de la Rouelle.

Pierre Tresgros.

Roger Guillain.

Pierre de Saint-Denis.

Hébert d'Aigneaux, chevalier.

Mons. Richard de Courcie.

Mathieu de la Vaquerie, prêtre.

Thomas Pinel.

Louis, évêque de Coutances.

Thomas de Biéville, prêtre.

Pierre de Pirou.

Guillaume de Chevillé.

Il ne nous est pas possible de marquer le temps auquel ce *Manuel* et ce catalogue ont été faits ; ces termes, *Nous prieron pour la Rayne, pour le duc, pour la duchesse*, où il n'est fait aucune mention du *Roy* (27), nous sont inexplicables. Ce mémoire ayant été dressé indubitablement après la réduction de la Normandie à l'obéissance de la France, laquelle n'étant jamais sans roi, et où, comme l'on dit, *le mort saisit le vif*, je ne vois rien de raisonnable à penser sur ce sujet, si on ne dit que ce fut du temps de la prison du roi Jean, pendant laquelle Charles, dauphin de France et régent du royaume, étoit duc de Normandie.

Le dernier des évêques marqué en ce catalogue est Louis d'Erquery, [*qui*] vivoit en ce temps-là, ayant été élevé à cette dignité en 1349 et [*étant*] mort en 1370 ; et le roi Jean, pris en 1350 et mort en 1364.

Quoiqu'il en soit, depuis la réduction de notre province en 1204, et la paix faite entre Louis IX, roi de France, et Henri III, roi d'Angleterre, notre province fut assez en repos. *(a)*

(a) VAR. Depuis la réduction de notre province à l'obéissance de la couronne de France, notre ville fut assez tranquille ; et nos habitants s'appliquant uniquement à leur négoce et à leur commerce devinrent riches, et rendirent par ce moyen Saint-Lo le lieu le plus considérable et le plus distingué de la basse province, comme le témoigne Froissart, au lieu que nous citerons bientôt.

Cette félicité fut troublée en 1346 par la descente d'Edouard, roi d'Angleterre, de laquelle nous avons parlé. Après avoir sacrifié à sa vengeance la ville de Carentan, il vint à Saint-Lo dans le même

Nous remarquerons seulement que [l'*Election*] de
Saint-Lo et Carentan fut établie en 1360, et [que] l'an
1275, c'est-à-dire 85 ans auparavant, cette ville étoit
si considérable que l'honneur de battre monnoie à la
lettre C lui avoit été accordé par le roi Philippe-le-
Hardi (28) :

> ....Veteri quæ jure polita
> .Eris in hoc regno signandi tertia gaudet.
> Cudit enim nummos, quorum vulgata per orbem
> Fama peregrinas opplevit nomine terras.

Vers le milieu du XIVe siècle, la jalousie et une cruelle
discorde s'étant élevées entre Philippe de Valois, roi de
France, et Edouard IV, roi d'Angleterre, leurs sujets en
portèrent la peine à l'ordinaire, selon le proverbe :

> Quidquid delirant reges, plectuntur Achivi [*].

Il n'est pas de mon sujet de raconter ni ces guerres,
ni les causes qui les firent naître ; je dirai seulement
que, durant une trève entre la maison de Blois et celle
de Montfort, qui querelloient le duché de Bretagne, [à la]
première desquelles le roi de France favorisoit, comme
le roi d'Angleterre à l'autre, quatre seigneurs du
Cotentin, Bacon, Percy, Tesson et Geffroy de Har-

---

dessein ; mais cette ville ne se voyant pas en état de lui résister, et
le Connétable, quoique assez voisin, à la tête d'une puissante armée,
ne se mettant pas en fait de la secourir, elle fut obligée de se sou-
mettre.

[*] HORAT. Epist. lib. I., *Epist.* 2.

court, surnommé le *Boiteux*, furent soupçonnés de soutenir secrètement les intérêts de l'Anglois et le parti de Montfort; et, sur ce soupçon, les trois premiers, arrêtés à Saint-Lo, dit-on, furent décapités en Grève, et leurs têtes envoyées à Carentan, pour y être exposées sur les lieux les plus éminents. Geffroy de Harcourt, menacé d'un pareil traitement, déroba sa tête, passa en Angleterre, où trouvant Edouard avec une flotte, près de passer en Guyenne, au secours d'Aiguillon que Jean, dauphin de France, tenoit assiégée, il lui fit changer de dessein, et lui persuada de venir en Normandie.

Il descendit à la Hogue le premier jour de juillet 1346, brûla Barfleur, Cherbourg, Valognes, Montebourg, et généralement mit à feu et à sang tout ce qui ne fut point réclamé par [*Geffroy*] de Harcourt, qui étoit seigneur de Saint-Sauveur-le-Vicomte; et sacrifia aux mânes de ces seigneurs que nous venons de nommer, la ville de Carentan par le fer et par le feu.

Il vint de là à Saint-Lo; et parce que cette ville ne voulut pas ou plutôt n'osa lui résister, il se contenta de la laisser piller à ses soldats, qui y trouvèrent et en emportèrent des richesses immenses. Il ne voulut pas entrer dans la ville; et c'est une tradition, dans le pays, qu'il logea à [*la*] *Vaucelle*, maison qui est à l'extrémité d'un des faubourgs, sur les bords de la rivière de Vire, et qui appartient à M. de la Tour-Duchemin, maire perpétuel et lieutenant-général de Saint-Lo, et colonel d'un régiment de son nom, où depuis quelque temps on a démoli un appartement sur lequel étoit écrit en grosses

lettres : *CHAMBRE DU ROY,* non seulement parce
que deux rois de France, François 1er et Charles IX, y
ont logé depuis, comme nous verrons, mais aussi à cause
de ce logement du roi Edouard d'Angleterre.

Ce que je viens de dire est rapporté par tous nos historiens ; je n'en citerai que deux qui sont étrangers,
Jean Froissart et Paul-Emile.

Voici ce qu'en dit le premier, au chapitre 123, tome 1er :
« Si chevaucha ledit roy (Edouard) en telle maniere
» que je vous dis, ardant et exilant le pays, sans
» point briser son ordonnance ; et ne tourna point vers
» la cité de Constances, ains s'en alla par devers la
» grosse ville de Saint-Lou, en Constentin, qui pour le
» temps estoit une bonne ville riche et marchande, et
» valloit trois fois autant que la cité de Constances.
» En celle ville de Saint-Lou avoit tresgrande draperie,
» et grosse, et grande foison de riches bourgeois : et
» trouva on bien en ladicte ville de Saint-Lou manans
» huit ou neuf mille, que bourgeois, que gens de me-
» tier. Quand le roi d'Angleterre fut venu assez pres,
» il se logea dehors, et ne voulut oncques loger en la
» ville , pour le doute du feu. Si envoya ses gens
» devant, et fut tantôt la ville prinse, et courue à peu
» de fait, et robée par tout. N'il n'est homme vivant qui
» peust penser ne croire le grand avoir qui fut là gaigné,
» et la grande foison de draps qu'ils y trouverent : et
» en eussent fait grand marché, s'ils eussent trouvé qui
» les acheptast. Puis se meirent les Anglois à chemin
» devers Caen, qui encores est plus grosse ville, etc. »

Voici le témoignage de Paul-Émile, folio v° 189 :

« Eduardus cum Eduardo filio adolescentulo in Nor-
» manniam transmisit, anno ejus sæculi sexto et qua-
» dragesimo, Calendis Quintilibus, florem roburque ac
» dignitatem totius Angliæ atque Hyberniæ secum in
» armis ducens. Constanciensium oram maritimam plus
» mille navium classe tenuisse fertur. Ferrum ignes-
» que circumferre cœpit : Carentanum expugnavit præ
» impotentique ira evertit, quod Francus de Bacchone
» Perseíoque supplicio Lutetiæ sumpto, eorum capita
» hac in urbe, conspecto maxime loco, ad terrendam
» audaciam proposuisset. Ea ipse venerabundus refixit,
» exsequiarumque ac sepulturæ honorem amplissimum
» habuit, memoriam defunctorum omni genere laudis
» celebrans. Fanum Laudi, quod ibi comprehensi fo-
» rent, tantum diripuit, leviore ira, quod extemplo
» jussi deditionem fecissent, adverso rumore Rodulphi,
» Magistri equitum Francorum, quod nullam ex pro-
» pinquo tulisset opem. »

Le poëte de Saint-Lo décrit la chose d'une autre
manière. Il raconte que l'Anglois descendit deux fois :
qu'à la première, après avoir pillé la province, il se
rendit à Calais ; que ce fut en cette première descente
que Percy, Bacon et Tesson se rangèrent de son parti,
en 1345 ; lesquels ayant été pris et décapités à Paris,
leurs têtes furent envoyées, non à Carentan, mais à
Saint-Lo, et exposées sur les tours des trois portes ;
qu'Édouard envoya exprès au roi Philippe le convier
aux funérailles de ces trois défunts, lesquelles il avoit

résolu de faire à Saint-Lo, et qu'il fit en effet, le jour marqué, par le sac et le pillage de cette ville (29). Voici ses vers, pages 6, 7 et 8 *(a)* :

Scilicet immensum, Eduardo duce, classibus æquor
Anglorum permensa phalanx allabitur oris
Neustriacis, præcepsque ruens ignota per arva,
Turbinis instar, agros infestat, rura colonis
Vastat, et a summo magalia culmine jactat,
Continuoque furens trepidas perrumpit in urbes,

(a) VAR. Dans la suite des malheurs dont la France, et particulièrement notre province, furent accablées après cette descente, l'infortune
de Crécy et la prise de Calais, il n'y est fait aucune mention de notre
Saint-Lo ; et je ne crois pas qu'il fût du nombre de ces villes qui
furent cédées au roi de Navarre. Dans divers passages que nous avons
rapportés et rapporterons de Froissart, il est toujours dit qu'on mit
de fortes garnisons à Saint-Lo, aussi bien qu'en plusieurs autres lieux,
contre les Anglois et les Navarrois.

J'ai vu dans les titres d'une ancienne maison , nommée *de la
Hazardière*, un acte par lequel Jean de la Hazardière, écuyer, fut
établi, par le roi Charles VI, à la requête du gouverneur et habitants
de cette ville, *Connétable* de Saint-Lo. J'ai fait un extrait de cet acte ;
le voici :

« Charles, par la grace de Dieu, roi de France, à tous ceux qui
» ces presentes lettres verront, salut : Savoir faisons que, comme le
» capitaine de notre ville de Saint-Lo, pour le bien et la sûreté de
» lad. ville , par le conseil et assentement des bourgeois et habi-
» tans ou de la plus saine partie d'iceux, ait fait et ordonné connes-
» table de lad. ville notre bien amé Jean de la Hazardiere, escuyer ;
» Nous pour le bon rapport que nous avons eu de sa personne, et pour
» la contemplation des bons et agreables services qu'il nous a faits
» dans nos guerres, et par especial dans la dernière chevauchée que

Deripit, evertit, raptasque per oppida praedas
Transvehit, infesto nequicquam pressus ab hoste,
Incumbensque mari tutus dat vela Caleto.
Anglia vix reduces sensit cum rege carinas
Neustriacae gentis praeda spoliisque superbo,
Cum nova bella tument, caecos agitante tumultus
Harenario, cujus faciles audacibus ausis
Accurrunt socii cognato sanguine creti,
Conspicuique caput cristis, armisque nitentes,
Persius acer equo, jaculo Tessonius, alter

» nous avons faite en Flandre, et que nous esperons qu'il nous faira
» pour l'advenir, led. office de connestable avons confirmé et par ces
» presentes confirmons, et de nouvel le donnons, si metier est, aud.
» escuyer, pour lcelui office tenir et exercer aux gages, prouffis et
» emoluments accoutumés, au cas où ledit capitaine peut de son droit
» mettre connestable en lcelle ville. Si donnons en mandement, par la
» teneur de ces presentes, au bailli de Cotentin ou son lieutenant, que
» dudit office fasse saisir et jouir et user paisiblement ledit escuyer, ou
» cas susd., et lui fasse faire satisfaction ou puiement desd. gages,
» par ceux à qui il appartiendra, en les contraignant à ce par toutes
» voyes deues et raisonnables. En tesmoin nous avons fait mettre notre
» seel ordinaire à ces presentes, en l'absence du grand. Donné à
» Paris le 18° jour de fevrier, l'an de grace 1383, et de notre regne
» le 4°. »

Ce même acte fut vu, lu et confirmé par ce même roi, le 17 février 1391, et de son règne l'onze.

Au reste, cette charge de *Connétable* de Saint-Lo, étoit d'être
généralissime des troupes, et particulièrement de la cavalerie, qu'on
levoit en cette ville et aux environs pour le service du Roi ; c'est ainsi
que les comtes *Richard de Lucy* et *Richard du Hommet* sont nommés
connétables par Mathieu Paris, en la page 53 de la *Vie des Abbés de
Saint-Auban ;* l'un desquels savoir, *Richard|* du Hommet, il avoit
appelé *chef de l'armée :* « Richardo du Humez principe militiae. »

Ense ferox, bellique furens Bacconius astu,
Qui ducis in castra ingressi spumantia frenis
Nunc huc alipedum, nunc illuc ora per agmen
Inflectunt, animosque parant Mavortis in usus.
. . . .
Ut quibus unus erat sanguis, sic omnibus unus
Affinisque fuit casus, tentataque fato
Bella luere pari ; jussus nam vindice tortor
Regis ad ora manu captos detrudit in Orcum,
Sanguine perfusa trinæ cervicis arena,
Et caput a trunco divulsum corpore ferro

C'est en ce sens que ce même écrivain parlant sur l'an 1174, page 90, de la révolte de Roger de Montbray contre Henri II, dit que ceux de Lincoln s'armèrent, passèrent dans l'île où il s'étoit retiré, assiégèrent son fort, obligèrent son *connétable* de se rendre, lui et ses troupes, et enfin renversèrent son château : « Ad quem multi-
» tudo Lincolnensium navigio transvecta castellum obsedit, Consta-
» bularium et milites omnes ad deditionem coegit, et castellum
» subvertit. » Et en la page 70, *de Vitis* xxiii *Abbatum*, parlant d'un seigneur nommé Robert Vautier, qu'on avoit fait chef d'une armée contre le roi Jean-sans-Terre, il dit qu'il se qualifioit *Connétable de l'armée de Dieu :* « Incipiente enim tunc guerra, consti-
» tutus est Robertus dux exercitus insurgentium in regem; in titulo
» litterarum suarum se *Constabularium exercitus Dei* nominabat. »
Enfin, parlant, en 1204, page 147, du siège d'Andely, Roger de Lacy qui étoit dans ce fort, lequel aima mieux être pris ou tué que se rendre, il l'appelle *connétable :* « Rogerus vero Cestrensis consta-
» bularius, vir magnificus et bellicosus, Francigenis castrum intrare
» volentibus ingressum fortiter denegabat. » Dans tous lesquels passages, avec plusieurs autres, le *Glossaire* de cet écrivain, nommé Guillaume Wats, interprète le terme de *connétable* par celui de *dux exercitus,* et ajoute qu'il y avoit quantité de villes qui avoient leurs connétables.

In tribus expositum portis, Sanlaude, tueris.
Hæc ubi Brutiadum mœstissima regis ad aures
Nuntia venerunt, toto conterritus hæsit
Auditis animo, verisque doloribus ira
Succedento tumens, testatur numina Divum
Manibus illorum se debita justa vovere ;
Et ne liligerum regem sua vota laterent,
Nuntius actutum, tanquam Cyllenius alter,
Regia jussa ferens, aptat talaria plantis,
. . . .
. . . . .subit alta palatia magni
Francorum regis, rutilaque in sede jacentem
Funeris indicit, paucis affatus, honorem,
Ut scelus ipse suum Sanlaudi thure piaret.
Ad dictumque diem, numeroso milite fretus,
Rex Eduardus adest. . . . .
. . . .
Milite cum valido reseratæ mœnibus urbis
Insiluit, terrensque senes juvenesque cruentis
Cædibus, immensis, eheu! multoque labore
Quæsitis opibus tandem cumulatus abivit (30).

Après la malheureuse journée de Crécy, qui suivit
bientôt l'infortune de Saint-Lo, Geffroy de Harcourt,
outré de la perte que la France y avoit faite, et s'en
regardant comme la cause, vint se jeter aux pieds de
Philippe, la hart au cou. Ce généreux monarque le
reçut bénignement ; mais dix ans après, son fils, le roi
Jean, ayant soupçonné certains seigneurs de brasser
quelque nouvelle entreprise, il les surprit à Rouen, et,
sans autre forme de procès, il en envoya une partie au
gibet et les autres en prison : Jean, comte de Harcourt,

4

frère aîné de Geffroy, fut du nombre des premiers ;
Charles, surnommé *le Mauvais,* roi de Navarre, fut un
des autres. Cette action indigna Geffroy, en sorte que,
prenant une seconde fois les armes, il n'y a point de
maux qu'il ne fit en toute cette basse province : il se
joignit à Philippe de Navarre, qui les avoit aussi prises
pour la liberté de son frère, et [au] duc de Lancastre
envoyé d'Angleterre pour les soutenir au mois de juin
1356. Ils chevauchèrent, dit Froissart, avec environ
quatre mille combattants, jusqu'à Lisieux, Orbec et le
Pont-Audemer, sans épargner ni sacré ni profane (31).

Il n'est point fait mention de Saint-Lo en cette malheureuse guerre, parce que cette ville avoit le sort du
surplus du Cotentin, qu'on avoit été contraint de céder
au Navarrois, en échange de quelques autres seigneuries
qu'il prétendoit lui appartenir, et [que], suivant la fortune du plus fort, [elle] souffroit sa tyrannie, comme
beaucoup d'autres (32).

Il arriva cependant un petit changement, en la manière de se vêtir, à nos Chanoines réguliers de Saint-Lo.
Ils portoient des soutanes blanches, et une espèce de
capuchon de même couleur qu'ils mettoient sur leurs
épaules en été : ces ornements leur déplurent ; ils présentèrent leur requête à Guillaume de Crèvecœur, 53ᵉ
évêque de Coutances, leur seigneur au spirituel et temporel, pour y être pourvu ; lequel, suivant ce qu'ils
souhaitoient, leur permit de porter des soutanes et des
aumusses noires. C'est ce que nous avons vu dans un
ancien registre en parchemin, conservé dans les

archives de cette abbaye, dont voici les termes : « Anno
» Domini M°. ccc°. xci°., de consensu reverendi in
» Christo patris D. Guillelmi de Crevecœur, Constan-
» ciensis episcopi, nos accepimus almucias pro capuciis
» albis quæ prius tempore æstivali portabamus; conces-
» sit etiam nobis accipere tunicas nigras. »

Il se passa aussi une transaction mémorable entre ce
même évêque et les maire, échevins et bourgeois de
Saint-Lo, touchant les droits de *Lods et ventes* dus aux
évêques de Coutances, comme seigneurs temporels de
cette ville. Ce droit causoit des différends presque conti-
nuels entre les officiers de ces seigneurs et les bourgeois. Ils en transigèrent, enfin, par la somme de
80 livres de rente foncière et inamortissable, moyennant
le paiement de laquelle ils seroient à l'avenir exempts
de payer lesdits droits de *Lods et ventes*.

Les titres de ce que nous disons sont encore conservés dans les archives de la Maison-de-Ville, et l'acte en
fut homologué en l'Echiquier de Rouen, l'an 1408.

J'ai vu encore un aveu qui fut rendu, en 1389, à
ce prélat, en qualité de baron de Saint-Lo, de la
terre et seigneurie de Rampan, qui se commence ainsi :
« Soubs le Roy, notre sire, et soubs la souveraineté de
» reverend pere en Dieu, Monseigneur l'evesque de
» Constances, à cause de la baronnie de Saint-Lo, je,
» Renou de Rampen, escuyer, confesse et advoue tenir
» un fieu par hommage, mon fieu de Rampen, qui fut
» jadis Samson de Moncocq, et toutes ses apparte-
» nances, franchises, etc. »

La moitié du xv° siècle suivant fut très-funeste à la France par la terrible maladie de Charles VI, son roi, les cruelles factions des maisons d'Orléans et de Bourgogne, et l'injuste usurpation des Anglois, ses anciens et mortels ennemis : l'histoire n'en est que trop connue. Nous remarquerons seulement que Saint-Lo eut le sort de toutes les autres villes de la province, qui fut de passer sous la domination de ces tyrans (33). Voici ce qu'Alain Chartier en dit, sur l'an 1417, parlant de Henri V, roi d'Angleterre : « En ceste saison, le roy » d'Angleterre » descendit à Touques, « print d'assault » la ville de Caen sur le sire de Montenay, et mit le » siege à Faloise, où estoit dedans un chevalier de » Bretaigne nommé messire Olivier de Maugny, et en » la fin la print, et print Sainct Lo, Bayeulx et plusieurs » autres villes et chasteaulz. »

Le roi d'Angleterre se montroit fort affectionné à la religion. Les biens ecclésiastiques, et les ecclésiastiques eux-mêmes, qui ne vouloient point s'intriguer aux choses qui ne sont point de leur ministère, étoient assez en liberté et en sûreté sous sa domination. Polydore [*Virgile*], et après lui Dupleix, racontent que, lors de la prise du château de Caen, il y avoit dedans grande quantité d'ornements et de vases d'or et d'argent, qui y avoient été transportés des églises de plusieurs villes du pays ; à quoi Henri défendit de toucher, sur peine de la vie, et fit tout rendre aux mêmes églises ; ce qui ne lui servit pas peu à l'avancement de ses affaires (34).

L'an 1428, la guerre étant la plus échauffée entre les
François et les Anglois, on vaquoit avec tant de liberté
à ses affaires particulières, en cette basse province, que,
le 6ᵉ jour de décembre, fut terminé à l'amiable un
différend, qui auroit pu avoir de fâcheuses suites, entre
Philbert de Montjou, 57ᵉ évêque de Coutances, d'une
part, et les Marguilliers et paroissiens de Notre-Dame
de Saint-Lo, d'autre part.—Ces derniers avoient acheté
plusieurs corps-de-logis et boutiques qui étoient contre
[le] corps du bâtiment de l'église, et faisoient conséquemment l'autre côté de la rue de *la Peuferie*. Ils les
avoient détruits, et avoient bâti à leur place diverses
chapelles, tant pour l'ornement de l'église que pour la
commodité des particuliers : ils l'avoient fait de leur
autorité particulière, et sans en avoir rien communiqué
ni à Pandulphe de Malatesta, son prédécesseur, ni à lui,
quoique seigneurs temporels et spirituels. Ils avoient
encore, de leur même autorité privée, fait construire,
du côté du palais épiscopal, un escalier en vis, et usurpé
pour cette construction deux pieds de terre ou environ
dans la cour [de] l'évêque. Philbert demandoit *le droit
d'indemnité et d'amortissement* pour ces maisons, dont
le fonds par ce moyen étoit tombé en *main-morte*, et prétendoit aussi être récompensé, lui et ses successeurs, de
l'usurpation faite [*sur*] sa cour *(a)*.—Accord s'ensuivit,

(a) VAR. Philbert considéra ces entreprises comme contraires à ses
droits et à l'honneur qu'ils devoient à leur seigneur, et comme une
usurpation criminelle. Ces bourgeois le reconnurent enfin ; transaction s'ensuivit.

par lequel les Marguilliers et paroissiens de Notre-Dame lui transportèrent, à lui, et après lui à ses successeurs et ayant cause, certaines parties de rentes se montant ensemblement à la somme de 15 livres [*15 sous*] par an, à prendre sur divers particuliers dénommés en l'acte qui en fut passé devant les tabellions de Carentan, les jour et an ci-dessus déclarés, lequel est encore conservé dans les archives de cette église (35).

Nous trouvons aussi que cette belle cloche de l'horloge, du poids de 7,000 livres, que l'on bat aux fêtes solennelles, aux agonies et à la visite des malades, fut faite deux ans après ce que nous venons de dire, c'est-à-dire l'an 1430 (36). Voici ce qui est écrit dessus et qui nous fait connoître les auteurs :

> Jehan Verin, par bonne entente,
> Me fist l'an mil quatre cens trente.
> Curé lors estoit gouverneur
> Jehan Jolivet ; Julien Letaneur
> Receveur estoit ; Landry Glace,
> Guy Godefroy,
> Jehan Gournay,
> Jehan Mauduit,
> Madame Alis,
> Qui m'ont fait mettre en ceste place.

Depuis l'injustice des Anglois à l'égard de la Pucelle d'Orléans, leur bonheur et leur règne en France diminuèrent visiblement : il se fit une trève en 1444 par le mariage du roi [*de*] cette île avec la princesse [*Marguerite*], fille de René, roi de Sicile et duc d'Anjou ;

mais notre bonne fortune ne permit pas qu'elle durât long-temps. Les Anglois la rompirent à Fougères : cette rupture éveilla l'esprit et le cœur de nos anciens, de manière qu'en moins de deux ans ils chassèrent pour jamais ces étrangers de nos limites. Voici comme Alain Chartier raconte cette expulsion, en ce qui nous regarde :

« Le duc François », dit-il sur l'an 1449, « commist
» et ordonna messire Pierre de Bretaigne à la garde
» et gouvernement de la duchté de Bretaigne, et pour
» grever les Anglois sur les frontieres de Fougieres et
» d'Avranches; et luy laissa trois cens lances. Et après
» ces ordonnances, et qu'il eut souffisamment garnie
» toute sa duchié, se partit accompaigné des comtes
» de Richemont, connestable de France, son oncle, et
» de Laval, du sire de Loheac, mareschal de France,
» de messire Pregent de Coectivy, admiral de France,
» du sire de Montauban, et de plusieurs autres, jus-
» ques au nombre de six mil combatans, en comprenant
» trois cens lances qui estoient de la compaignie du Roy
» avecques ses gens, et dont estoit chief et conduiseur
» de cent lances ledit sire de Loheac, et messire Gieuf-
» froy de Couvren et Joachim Roault d'autres deux cens
» lances. Et vindrent entrer, cedit mois de septembre,
» en la basse Normandie, et chevaucha ledit duc ainsi
» accompaigné, comme dit est, jusques devant la cité
» de Constances, où il mit le siege; et la rendirent
» les Anglois, qui dedens estoient, le deuxiesme jour
» ensuivant, dont estoit capitaine un nommé Estienne de

» Montfort. De là se partit ledit duc de Bretaigne, et sa
» compaignie; et mit le siege à Sainct Lo, quel se rendit
» le dixhuictiesme jour dudit mois de septembre; et
» estoient dedens deux cens combatans anglois, dont
» estoit chief et gouverneur messire Guillaume Poictou,
» lesquels s'en allerent leurs corps et leurs biens saufs. »

Le reste de la province et du royaume suivit bientôt
la fortune des victorieux, de sorte que, l'an 1451 passé,
il ne resta aux Anglois, de tout ce qu'ils avoient possédé
au-deçà de la mer, que la seule ville de Calais, qui leur
fut ôtée environ cent ans après.

Quatre ans après cette expulsion, c'est-à-dire l'an
1455, les parents de la Pucelle d'Orléans ne pouvant
souffrir que sa mémoire demeurât flétrie par la sentence injuste de Pierre Cauchon, évêque de Beauvais,
de ses conjurés et des Anglois, en appelèrent au Pape,
qui, par son rescrit du 15 juillet audit an, nomma des
commissaires pour la révision de ce procès. Ces commissaires, après l'audition de 112 témoins, déclarèrent
le procès fait à ladite Jeanne défunte, et la sentence sur
ce intervenue et tout ce qui s'étoit ensuivi, plein de dol,
calomnies, injustices, contrariétés en fait et en droit,
etc. J'en fais ici mention, parce que Richard-Olivier de
Longueil, 60e évêque de Coutances, Richard, 11e du
nom, 28e abbé de Saint-Lo, eurent l'honneur d'être du
nombre de ces nobles commissaires (37), ainsi que le
chante notre poëte :

............Lotharinga virgine capta,
Indignæque neci, proh Jupiter ! hoste daturo

Virgineos artus, cum præsule mittitur abbas
Nomine pontiticis, magicæ qui criminu fraudis
Eluerent, questi necquicquam fata Joannæ.

L'an 1464, le portail de l'église Notre-Dame et cette belle tour qui est du côté du midi, vers la rue de *la Peuferie*, appelée *la tour des cloches*, furent édifiés par les soins des Marguilliers de cette paroisse, ainsi qu'il est témoigné par l'inscription qu'on y voit gravée sur une pierre de marbre maçonnée dans le mur, et dont voici l'extrait :

« En l'honneur de Dieu et de la Vierge et de saint » Jean, vierge, ceste tour et ce portail ont esté faits des » deniers du tresor par Jean de Boubigny, Jean Le » Rossignol et Jean de Caumont, tresoriers, l'an 1464 » (38). »

[En cette guerre fameuse, qui s'éleva l'année suivante, 1465, et dont les suites furent funestes à la ville de Coutances, comme nous avons vu (39), la fidélité des habitants de la ville de Saint-Lo envers leur souverain et leur adresse parurent tout entières. Une partie de l'armée du duc de Bretagne étant venue l'assiéger, on feignit [de] lui disputer vigoureusement la porte qui est du côté de l'hôpital, par laquelle on entre en la rue de Torteron ; et, parce qu'on le vouloit bien, ces Bretons entrèrent comme triomphants, se croyant maîtres de la ville et criant : *Ville gagnée!* On ferma aussitôt cette porte, avec celle qui est à l'autre bout de la rue, nommée *la Porte Nique ;* et les gens qui étoient d'un côté et d'autre de la rue, préparés et bien armés,

reçurent ces Bretons de manière qu'il y en eut très-peu
qui sauvassent leur vie ou leur liberté. Leur capitaine
fut pris et décapité, comme il est rapporté dans la dispute qu'en 1554 eurent les habitants de Saint-Lo contre
ceux de Coutances, que nous avons rapportée au commencement de ces mémoires.]

Cette même année [1464] et la précédente, se fit,
par ordre du roi Louis XI, cette fameuse recherche de
la noblesse, dont Raymond de Monfault, chevalier, sieur
de Fontenelle et du Mesnil-Dodeman, conseiller du roi
et président en Normandie, avoit été nommé commissaire. Voici les noms et surnoms de ceux qui furent
trouvés nobles en la ville et sergenterie de Saint-Lo :

Robert de Pierrepont , de Saint-Georges-de-Montcoq.
Jean Clerel, de Rampan.
Jean de la Haye, de Saint-Ouen-[de-Baudre].
Guillaume de Baudre.
Guillaume du Quesneguerin, de Saint-Ouen-[de-Baudre].
Raulet Varroc, de Saint-Lo.
Richard Bechevel.
Olivier Coquet.
Guillaume de Parfouru.
Jean Varroc.
Bernard Le Marinel.
Bernard et Richard Le Pigny.
Pierre de la Roque.
Pierre Boucart, sieur du Mesnil-Amey.
Richard Boucart , sieur de la Vaucelle.

La mémoire de ces Boucart doit être précieuse aux
habitants de Saint-Lo, à cause des grands bienfaits
qu'ils en ont reçus. Messire Jean Boucart, frère de
ces deux seigneurs du Mesnil-Amey et de la Vaucelle,
devint par son mérite aumônier du roi Charles VII,

abbé du Bec et de Cormery, et enfin évêque d'Avranches, et s'appliqua très-particulièrement à l'honneur et à l'avantage de Saint-Lo, sa patrie (40).

La province lui a l'obligation d'avoir travaillé fortement et efficacement à la délivrer du joug que les archevêques de Lyon vouloient lui imposer, d'être soumise par appel à leur juridiction ; mais l'église de Saint-Lo, en particulier, lui doit presque tout le meilleur de son revenu. Voici quelques-uns de ses bienfaits, que je rapporte selon l'ordre des temps :

1° Ce fut lui qui bâtit, orna et dota cette fameuse chapelle, à la maison de la Vaucelle, dédiée à Sainte-Pétronille, qu'on appelle de *la Pernelle*, à laquelle le peuple de Saint-Lo avoit une dévotion toute particulière autrefois, dont il reste encore quelques vestiges et contre laquelle les Calvinistes exercèrent tant de fois leur fureur et leur brigandage, comme nous dirons en son lieu. Notre poète, parlant de cette chapelle, parle ainsi :

Præsul Abrincarum Boucarde sanguine cretus,
Isque potens meritis, et claro nobilis ortu,
Illius auctor erat, sed longe clarius ipse
Æternumque sibi nomen pietate paravit : etc.

2° Sachant que l'ignorance est la mère de tous les vices, il travailla de tout son pouvoir pour la bannir de Saint-Lo, et [*se joignit*] pour ce sujet à un excellent homme animé du même esprit, nommé maitre Ursin, dont le surnom étoit *Thiboult* (41), si je ne me trompe : il voulut y établir une bibliothèque publique *(a)*. Ce lieu de l'église Notre-Dame, où est maintenant la chapelle du Rosaire, parut à ces deux illustres personnes propre pour ce sujet ; ils s'adressèrent pour l'obtenir à M. Le Rat, grand-vicaire de messire Richard-Olivier de Longueil, cardinal et évêque de Coutances. Le grand-vicaire en écrivit, à Rome, au cardinal son maître, lequel consentit volontiers à ce bon dessein, à condition néanmoins qu'on feroit [*en*] cette église annuellement quelques prières pour lui et pour l'âme de feue sa nièce, femme du sénéchal de cette ville, laquelle étoit inhumée dans cette église. Voici cette réponse extraite de l'acte de cession dudit lieu, où elle est insérée, qui est encore conservé dans les susdites archives :

« Par vos lettres missives qu'escrivez au sujet d'une
» librairie que veulent faire les habitans de Saint-Lo
» en une place vuide, laquelle est entre la chapelle saint
» Jacques et le degré par lequel l'on monte à ma cha-
» pelle, et l'exhortation de M. d'Avranches et de mes-
» sire Ursin, lesquels y ont donné grand nombre de
» livres riches et beaux, pour l'honneur de mondit sieur
» d'Avranches, dudit messire Ursin, et des habitans,
» je suis content qu'ils edifient ladite librairie en façon
» qu'on puisse aller de madite chapelle à l'eglise Notre-
» Dame, comme m'escrivez, et qu'aussy j'aye obit, ou

(a) VAR. Il donna pour ce sujet une grande quantité de livres, comme fit aussi à son imitation messire Ursin Thiboult, chanoine de Bayeux et de Coutances.

» qu'il soit fait memoire de moy et de mon nepveu,
» jadis seneschal, de ma niepce, sa femme, qui sont
» ensepulturés audit lieu, par chacun an, en ladite
» eglise Notre-Dame, un certain jour qu'escrirez. A
» Rome, le 28 mars 1470 ». Et est signé en abrégé
Cardinalis Richardus Constanciensis.— La suscription
de cette lettre est latine en ces termes : « Carissimo
» fratri nostro Joanni Ruti, vicario, officiali et thesau-
» rario nostro generali in civitate nostra Constanciensi. »

3° Le même seigneur évêque d'Avranches, par acte
passé devant Guillaume Lepoitevin et Pierre Baudrain,
tabellions à Saint-Lo, le 13 août 1483, fonda, en cette
dite église Notre-Dame, l'office canonial, savoir : ma-
tines, laudes, prime, tierce, *midi* (c'est le terme, au
lieu de *sexte)* et none, avec les petites heures de Notre-
Dame ; et donna, pour ce sujet, 2122 livres 10 sous
pour être constitués en rente, de laquelle les curé,
chœuriers, vicaire, diacre et cousteurs, auroient
préalablement chacun trois deniers, et le prêtre qui
diroit la messe auroit un denier, pour dire, après le
Confiteor, ces paroles : *Animæ ejus et parentum re-
quiescant in pace.*

4° Par autre contrat de l'onze octobre 1484, il fonda
douze bourses au collége d'Harcourt, à Paris, dont quatre
devoient être pour des étudiants d'Avranches, et les huit
autres pour des étudiants de Saint-Lo, et, à faute de
ceux-ci, pour des écoliers du diocèse de Coutances.

5° Enfin, par contrat passé devant Pierre et Guillaume
Cavelande, tabellions audit Saint-Lo, le 10 mars 1477,
il avoit encore fondé en cette église de Notre-Dame un

obit pour être célébré le jour de *Pasques fleuries* (c'est le terme), avec 32 cierges ardents ; et donné, pour ce sujet, la somme de 100 livres, une fois payée, pour être constituée en rente.

Notre poëte, en la suite des vers que nous venons de rapporter, exprime une partie de ces fondations ainsi :

> Annua quippe suo genitricis in ædibus almæ
> Tempus ad hoc cleris numerata ex ære reliquit
> Dona, preces resono psallentibus ore diurnas,
> Alternaque chori populos certantibus una
> Numinis ad summi cultum pietate movere.
> Cætera ne memorem, bis sex stipendia vitæ
> Annua constituit pueris, quos ipsa doceret
> Harcuriana domus, censu dotata perenni, etc.

Il n'est point fait mention ici des *Vêpres ;* elles avoient été fondées auparavant par Isabelle de la Dangie, veuve de Robert de Brébeuf, écuyer, laquelle, par contrat passé devant lesdits Cavelande, tabellions, le 4ᵉ jour de décembre 1477, donna 526 livres pour être constituées en rente au bénéfice des prêtres et trésor de ladite église, pour être chantées tous les jours en icelle vêpres et complies avec un *Libera*, qui devoit être dit en bas sur le tombeau de sondit mari, inhumé proche l'autel sainte Anne. Elle avoit aussi fondé, pour tous les samedis, une messe haute de la sainte Vierge, à diacre et sous-diacre, avec procession et *Libera* aussi chanté sur ledit tombeau.

Nous apprenons des registres de l'évêché de Coutances que Geffroy Herbert, 63ᵉ évêque, et conséquemment seigneur de Saint-Lo, si fameux pour avoir été

le premier président du parlement de Rouen, pour en
avoir fait bâtir le palais, aussi bien que le château de la
Motte, et pour avoir été lieutenant-général du Roi au
gouvernement de cette province, pendant que le cardinal d'Amboise en étoit gouverneur, eut pour Saint-Lo
une considération toute particulière ; qu'il y résidoit
souvent, et y conféroit les ordres sacrés, comme, par
exemple, aux jours suivants, savoir : — le 17 mai 1485 ;
— le 2 avril, comme porte le registre : « more diœcesis
» hujus Constanciensis computando » 1491 ; — en 1492
« in capella palatii episcopalis Sancti Laudi, » sans marquer le jour.—Item, le troisième dimanche de l'Avent
1493, furent ordonnés les minorés; il avoit fait les
ordres sacrés le jour précédent ; et notre registre
porte ces propres termes : « Ordinati per reverendum
» patrem Gaufridum [*Constanciensem*] episcopum, apud
» Sanctum Laudum, anno domini 1493, in jejunio qua-
» tuor temporum post festum beatæ Luciæ.» En l'article
» suivant on lit : Ordinati per eumdem Gaufridum Cons-
» tanciensem episcopum anno prædicto 22° februarii. »
L'an suivant, 1494, nous trouvons au premier article :
« Ordinati per eumdem præfatum Gaufridum Constan-
» ciensem episcopum, apud Sanctum Laudum, in capella
» palatii episcopalis, die antepenultima mensis martii
» anno domini 1494 ante pascha » : en 1495, le 22 décembre; en 1496, le 28 mai; le 25 mars 1497, ainsi que
le 25 mai et le 23 septembre; et enfin le 26 [*mars*] 1502.

Il étoit aussi en cette ville le 21 décembre 1489, ainsi
que nous le voyons par un acte par lequel il dispensa
Robert d'Estouteville : « Ut, non obstante defectu nata-

» lium quem patitur de barone soluto progenitus et
» soluta, ad sacros et presbyteratus ordines valeat pro-
» moveri; » et que, quoique âgé seulement de 19 ans,
il pût posséder un ou plusieurs bénéfices compatibles ou
incompatibles.

Pendant presque toutes les années que cet évêque
résidoit à Saint-Lo, il y faisoit réédifier le palais épiscopal, qui avoit été jusqu'alors assez imparfait, tant par la
négligence de ses prédécesseurs [que] par l'injure des
temps : il fit creuser ce puits qui est au milieu de la
cour, et fermer cette cour de ces corps-de-logis qui l'environnent, tant du côté des murs que de celui de la
ville. Il fit construire cet appartement qui forme les
bâtiments du côté de l'église et de la maison du *Vicomte*,
pour y tenir la juridiction ecclésiastique, et pour être le
siége de celle de son sénéchal ; et enfin il fit réparer la
chapelle et le gros corps-de-logis qui est entre le jardin
et la cour, qui étoit le seul ; achever l'église Notre-
Dame en rendant les chapelles les plus régulières que
faire se peut ; et fit élever cette chaire avec cet escalier
que nous voyons encore du côté de la cour, afin qu'aux
grandes assemblées le peuple, qui étoit alors très-
nombreux en cette ville, y pût aisément entendre le
sermon (42).—[Ce seigneur avoit un frère nommé Louis
Herbert, qui d'archidiacre de Coutances devint abbé de
notre Saint-Lo, et ensuite évêque d'Avranches, et fameux par les grands biens qu'il a aumônés à l'église de
Coutances].

Adrian Gouffier, connu et célèbre sous le nom de
cardinal de Boissy, ayant succédé à notre Geffroy Her-

bert, fit une seule ordination en son diocèse; ce fut à Saint-Lo, le 20 septembre 1511 : [*il*] fit donner notre même abbaye de Saint-Lo en commende à Robert de Coquebourne, évèque de Rosse, en fit lire, publier et vérifier les bulles en son officialité de Coutances, lui présent, le 26 août 1511 (*42 bis*), et l'en investit conformément à ces lettres (*a*).

L'an 1510, Jean, sire d'Estouteville, ayant, par ordre du Roi, convoqué le ban et arrière-ban à la Hogue, et fait la montre des nobles et noblement tenants du bailliage de Cotentin, l'évèque de Coutances fut appelé, comme étant obligé de comparoître et de servir accompagné de quatre chevaliers ou hommes d'armes, à raison de sa baronnie de Saint-Lo ; et parce qu'il ne se présenta point, la baronnie fut saisie et mise en la main du Roi, au rapport de M. de la Roque, en son *Traité de l'Arrière-Ban*.

L'an 1520, fut établie en l'église de Sainte-Croix, par toutes les formes et les cérémonies accoutumées, une célèbre confrérie nommée *de la Charité*, dans l'acte de laquelle il est dit, entre autres choses, que cette église étoit bâtie il y avoit plus de mille ans (43).

L'an 1532 (ou 33) cette même ville de Saint-Lo fut honorée de la présence de son roi, le très-illustre

(a) VAR. Il fit donner notre même abbaye de Saint-Lo en commende à Robert de Coquebourne, évèque de Rosse, *son suffragant*, c'est-à-dire qui exerçoit les fonctions épiscopales dans le diocèse, pendant que ce cardinal en mangeoit le revenu et se divertissoit à la Cour.

5

monarque François Ier : il alloit aux Etats de Bretagne, pour y faire arrêter que désormais le fils aîné de France avec le titre de *Dauphin* porteroit la qualité de *duc de Bretagne*, et que ce duché demeureroit pour jamais uni à la couronne de France. Le roi fut reçu à Saint-Lo avec toute la joie et toute la magnificence dont les habitants étoient capables : ce qui se passa en cette réception est contenu bien au long dans un registre de la Maison-de-Ville; il y a des particularités très-curieuses. Je n'ai pû le voir; je dis seulement ce que j'en ai entendu, parce que ce registre est présentement entre les mains du bonhomme M. de Martigny-Le Mennicier, un des lieutenants-généraux de cette ville, de qui il n'est pas possible de l'arracher, ne sachant pas lui-même en quel lieu de son cabinet il l'a serré (*a*).

François Ier resta deux jours à Saint-Lo, et logea en cet appartement de la maison de la Vaucelle dont nous avons parlé, et fut de là à Coutances, où il fit son entrée le dimanche 21 avril 1532, et à Cherbourg le dimanche 28 avril.

Sur le chemin de Valognes à la Hogue, en une paroisse nommée Huberville, il y a une maison appartenant au seigneur d'Aumeville, du nom de Vautier,

---

(*a*) VAR. J'en parle ainsi, parce que je ne l'ai pas vu ; il étoit entre les mains de feu M. de Martigny-Le Mennicier, un des lieutenants-généraux de cette ville, lequel étant mort depuis que j'ai travaillé à ces recherches, il n'a pu être découvert parmi ses papiers.

sous le [*larmier*] de laquelle on voyoit, il y a quelque
temps, gravé sur la chaux ce distique :

> L'an mil cinq cent et trente trois
> Par cy passa le Roy François.

Ce fut sans doute au retour des Etats de Bretagne
qu'il voulut voir ce port de mer si propre pour faire une
descente aux Anglois, avec lesquels il étoit en guerre ; et
peut-être fut-ce cette même année qu'il passa par
Saint-Lo, et non celle en laquelle il fut à Coutances.
Les registres qui sont chez M. de Martigny nous en
éclairciront (44).

L'an 1453, le roi Charles VII y avoit établi un siége
de Bailliage : l'an 1531, le roi Henri II ayant jugé à
propos de créer des siéges présidiaux dans tous les
bailliages et sénéchaussées de son royaume, ce prince
jugea à propos que celui du Cotentin fût établi à Saint-
Lo, comme la ville du pays la plus considérable (a) ; c'est
aussi ce que notre poëte n'a pas oublié et chante en ces
vers :

> Nec mirum, ipsa suis ab origine legibus æqua
> Sanlaudus Themidis primos libavit honores ;
> Præsidialis enim moderatrix curia legum, etc.

(a) VAR. L'an 1531, le roi Henri II ayant jugé à propos de créer
des siéges présidiaux dans tous les bailliages et sénéchaussées de son
royaume, ce prince jugea à propos que celui du Cotentin fût établi
à Saint-Lo, comme la ville la plus considérable du pays, et la troisième de la province : il n'y manquoit que cet honneur. En effet, dès

Les registres des causes traitées en ce siége présidial sont encore conservés en cette ville chez un nommé Sainte-Barbe-Sanson, héritier d'un nommé Leroux qui [en] étoit greffier. A la tête de l'un de ces registres sont écrits les noms des officiers de ce siége, qui étoit composé d'un président, [de] dix conseillers, d'un avocat et d'un procureur du Roi, d'un greffier en chef, d'un sous-greffier et d'un huissier (45). Voici leurs noms, comme ils sont distingués :

M. Me Gilles Dancel, Président.

Me Lucas Duchemin,	Me Nicolle Hervieu,
Me Jacques Leterrier,	Me Jean Duprey,
Me Jacques de la Grange,	Me Ursin Potier,
Me Nicolle David,	Me Thomas Lecomte,
Me Pierre Poittevin,	Me Julien Guerin,

Tous Conseillers.

Mes Pierre Delaporte, et Jean Rouxelin,
Avocat et Procureur du Roy audit lieu.

Me Pierre Daubone, greffier, pour lequel est commis
Me Nicolle Leroux.

Michel Lalleman, huissier.

Me Jean Moisson, écuyer, sieur de Précorbin, lieutenant du bailli de Caen au siége de Thorigny, fut

le privilége de la Monnoie, et la marque à la lettre C,
comme la troisième du royaume, lui avoient été accordés par le roi
.... et ce n'est que de nos jours que ce beau privilége
.... par l'avarice de quelques-uns de nos bourgeois, lesquels
.... avantages et de la distinction des officiers de la Monnoie,

nommé de la Cour pour cet établissement du présidial de Cotentin à Saint-Lo ; et, comme S. M. avoit adjugé 1600 livres pour l'entretènement et les gages de ces officiers à prendre sur toutes les villes et juridictions de l'étendue de ce bailliage, chacune de ces villes, communautés et juridictions, fut assignée, requête ou plutôt par mandement de ce commissaire, pour y pourvoir. Nous avons encore autant du procès-verbal qui fut dressé de leurs oppositions, soutiens respectifs et de tout ce qui se passa en cette occasion : entre autres les habitants de Coutances ayant offert d'entretenir à leurs frais particuliers cette chambre présidiale et de fournir la somme susdite de 1600 livres, si l'on vouloit leur bailler cette chambre présidiale, presque toutes les autres communautés se joignirent à eux pour cette raison ; les communautés, qui parurent indifférentes pour l'une ou l'autre [de] ces villes, au sujet de la chambre présidiale, ne le furent pas pour le paiement des gages des officiers, et firent tout ce qu'elles purent

---

ont fait que leur ville a été privée de cet honneur, et qu'il a été transféré à Caen. Notre poëte parlant de ce privilége dit :

. . . . Veteri quæ jure politn
Æris in hoc regno signandi tertia gaudet ;
Cudit enim nummos, quorum vulgata per orbem
Fama peregrinas opplevit nomine terras.

En 1260, l'Election de Saint-Lo et de Carentan avoit été établie par le roi Jean, et enfin le Bailliage en 1453 par Charles VII ; et, pour comble d'honneur, cette justice souveraine y fut établie au temps que nous venons de marquer.

pour s'en défendre. Nous avons cité et citerons encore quelques lambeaux de ce procés-verbal, tel qu'est celui que nous avons rapporté ci-dessus.]

Ce siège commença en l'année 1552 ; le premier des registres, qui est des *Présentations*, en fait foi. En voici le titre :

« Registre des Presentations faictes au greffe des » Appeaulx par les procureurs du Siege presidial de » Saint-Lo, des causes et matieres d'appel dont ils ont » esté chargés durant l'année commencée le 1er jour » de janvier l'an 1552, et finissant le dernier jour de » decembre 1553.— Et premierement, en janvier 1552, » n'a esté faicte audit mois aucune presentation audit » greffe d'appeaulx, parce que encore le Presidial » n'estoit deubment establi. »

Le premier présentant et plaidant fut un nommé Nicolas Nicolle, appelant du lieutenant du bailli de Cotentin à Saint-Lo, [*contre*] un nommé Nicolas Chestrefou, intimé, le **26** février audit an 1552.

Le présidial du Cotentin fut à Saint-Lo 12 ou 13 ans seulement ; il fut transféré à Caen et incorporé en celui de cette ville. A la première page d'un de ces registres on lit ces mots : « Sera noté que le susd. » Siege presidial de Costentin establi à Saint-Lo a esté » transferé par le Roy avec le Siege presidial de Caen, » au mois d'aoust 1563, par lettres patentes, et installé le » 11 mars 1565. »—Nous trouvons en un autre article : « Au mois d'aoust 1563, le Roy retourna à Caen, et le » transfera (c'est le siége présidial) aud. Caen, où il

» a esté installé au mois de mars 1565. » Le premier
arrêt qui suit cet article est du 2 juillet 1562 ; le 2ᵉ est
du 24 novembre suivant. — Enfin le dernier arrêt du
présidial de Saint-Lo est du mercredi 17 décembre
1564 entre noble homme Antoine Le Mouton, sieur de
[*Taillefer*] (46), stipulant pour Eustache Le Mouton,
écuyer, intimé, contre Guillaume Durand, appellant du
lieutenant du bailli de Cotentin au siège de Valognes,
dont la cause avoit été remise, attendu qu'il n'y avoit
nombre suffisant de Conseillers.

Ce siége souverain de Cotentin fut à Caen jusqu'en
l'an 1580, auquel le roi Henri III, suivant la requête
à lui présentée par les députés de Normandie aux Etats
de Blois, le renvoya en Cotentin, non à Saint-Lo,
comme auparavant, pour plusieurs raisons, particulié-
rement à cause des troubles de la Religion, mais à
Coutances, ainsi qu'il paroit par ses lettres patentes
données à Blois, au mois de décembre audit an 1580.
Notre poëte s'en plaint, et attribue cette perte aux ré-
voltes des Huguenots, qui perdirent sa patrie, comme
nous dirons bientôt, et dit de Thémis :

Hic prius augustum, claro stipante senatu,
Fixerat æternos mansura tribunal in annos,
Summaque jura dedit, rigidisque proterva reorum
Ora suis olim placitis pallere coegit.
At velut insano bellorum turbine raptum
Jusque decusque tenent jam nunc Constantia castra,
Cujus adhuc hodie memorem spes anxia torquet,
Quam Themis ipsa suæ sedis delegerat, urbem.

Saint-Lo fut cependant orné de la naissance d'un des plus excellents hommes qui aient paru dans les siècles derniers ; je veux dire de l'éminentissime Jacques Davy, cardinal du Perron, l'honneur et la gloire de l'église aussi bien que du Cotentin. Il étoit fils de [*Sébastien*] Davy (47), écuyer, sieur du Perron (*), et de N. Le Cointe de Languerville (**). — Ce gentilhomme et son épouse étoient, comme beaucoup d'autres, infectés de la religion de Calvin : la rigueur des supplices ordonnés contre les hérétiques les obligea de se retirer avec leur famille à Genève. C'est ce qui a fait croire à ceux qui ont écrit la vie de ce cardinal qu'il avoit pris naissance en ces cantons-là : il y fut en effet élevé et suça, pour ainsi dire, l'hérésie avec le lait. Dieu lui fit la grâce de l'en retirer, pour être le plus savant et le plus excellent adversaire qu'aient eu les Protestants ; M. de la Haulle-Duchemin en parle ainsi en son élégie :

> Divinique ortu Perroni splendet et ostro ;
> Stirps licet hæreseos, malleus ipse fuit.

Et notre poëte, après avoir dit que cette ville étoit féconde en personnes de mérite, ajoute :

(*) Terre qui est en la paroisse de Saint-Aubin-de-la Pierre, et qui appartient maintenant à Charles Le Monnicier, écuyer, sieur de Martigny, un des lieutenants-généraux de cette ville. (*T. de B.*)

(**) [*Famille*] qui porte de gueules à la fasce d'argent chargée de 3 mouchetures, accolée de 3 molettes de même. (*T. de B.*)

At ne multorum numerosæ tædia laudis
Lectorem capiant, nostræ Perronius heros
Gentis honos, sæclique decus sidusque suorum,
Malleus hæreseos fideique invictus Achilles,
Cui velut alma parens teneris Sanlaudus ab annis
Sternere gestivit blando cunabula somno,
Carminis ante alios justo dignetur honore.
[Quotquot enim notæ quondam per sæcula famæ,
Æqua mente viros fuerit mirata vetustas,
Omnibus hic unus si non præcellit, at illos
Tot claris animi locuples virtutibus æquat,
Ut dignus fuerit,] tyrio cui cincta Galero
Tempora fulgerent, totusque nitesceret ostro.
[Præsulis ad titulos accedunt regia sacros
Munera;] cærulæi donatur torquis honore,
Consiliique sedet princeps regnique Minister
Suspicitur, veteri Davidum sanguine clarus;
Illius unde lyræ remanent insignia genti.

La même année (48) de la naissance du cardinal du
Perron, 1555, il manquoit encore à Saint-Lo un siége
de Vicomté : on présenta requète au Roi pour ce sujet, à
ce que les sergenteries du Hommet, dépendante de
Carentan, et de Saint-Gilles, dépendante de Coutances, fussent unies à celles de Saint-Lo et de la
Comté. Elle fut expédiée au Conseil du Roi tenu à Fon-
tainebleau le 7 juillet 1555, signée POSTEL ; et ordonné qu'enquète seroit faite de la commodité ou incommodité du lieu pour ledit établissement. Commission fut
adressée pour cette enquète à Mre Jean Moisson, écuyer,
sieur de Précorbin, lieutenant de M. le duc d'Aumale,
bailli de Caen, au siége de Thorigny ; lequel ayant pris

pour greffier Olivier de Carville, entendit 470 personnes desdites sergenteries, tant prêtres que gentilshommes, officiers et autres, assignés et comparus par devant lui, au presbytère d'Agneaux, et au Pont-Hébert, paroisse du Mesnil-Durand, qui tous unanimement déclarèrent que ledit établissement de Vicomté à Saint-Lo étoit d'une utilité publique et tout-à-fait commode pour eux. Il renvoya cette information à la Cour, avec son sentiment au pied, pour y avoir, par le Conseil, tel égard qu'il plairoit à Sa Majesté.

J'ai cru qu'on ne seroit pas fâché de voir ici une bonne partie des noms des personnes nobles qui furent entendues et déposèrent en faveur de cette nouvelle Vicomté :

> Jean de Caumont, de Gourfaleur.
> Jacques Gaultier, sieur de Tournière, de Gourfaleur.
> Laurens des Moustiers, de Saint-Samson.
> Henry de Saint-Gilles, de Saint-Gilles.
> Noble homme messire Jean de Chantelou, curé d'Agneaux.
> Christophe du Cangrain, du Dézert.
> Jean de Thère, sieur du lieu, d'Esglandes.
> Jacqueline du Mesnil-Eury, veuve de Julien Leroy, écuyer, d'Amigny.
> Jean et Gilles Jullain, d'Amigny.
> Messire Mathieu de Magneville, curé d'Hébécrévon.
> [Richard de Creuilly, de Villiers-Fossard.]
> Jean et Jacques de Magneville, d'Hébécrévon.
> Gilles du Hommel, du Mesnil-Durand.
> Guillaume du Hommel, de la Vandelée.
> Charles du Chastel, d'Hébécréron.

Louis Anqueil, du Mesnil-Durand.

N. de Baudre, du Mesnil-Durand.

François et Charles Adigard, de la Chapelle-Enjuger.

Jean et Julien Miette, de la Chapelle-Enjuger.

Messire Louis du Mesnil-Eury, curé d'Alleaume et de Montreuil, y demeurant.

Julien d'Auxais, du Mesnil-Véneron.

Guillaume de Saint-Gilles, sieur de la Meauffe, de Saint-Aubin-de-Losque.

Jean du Mesnildot, (de) la Chapelle-Enjuger.

Ces procédures n'eurent leur effet qu'en 1581 ; l'édit en est daté de Paris du mois de décembre, et seulement enregistré au Parlement quinze ans après, le 30 de mars 1596, suivant une nouvelle ordonnance du roi Henri IV, datée de Paris le 15 février audit an. Tous les actes de ce que dessus restent encore en leur entier, et nous les avons vus et lus.

Cette multiplicité d'honneurs et de grandeurs de Saint-Lo furent, ainsi que je l'estime, cause de sa perte *(a)*. Les premiers calvinistes le regardèrent comme très-digne de leur conquête, et comme un lieu

(a) VAR. Saint-Lo suroit été et seroit encore heureux sans cette nouvelle religion, et sans la facilité qu'il eut à la recevoir. Cette ville étoit très-riche et dans une très-grande réputation : elle étoit très-peuplée ; à peine reste-t-il la moitié des maisons de ses faubourgs, pour grands qu'ils paroissent. Les laines, les draps, les serges, les cuirs lui faisoient un commerce si considérable qu'on a remarqué que le seul commerce de ses lacets et aiguillettes de cuir se montoit à un million.

dont ils pourroient se servir avantageusement pour se rendre un jour maîtres de tout le Cotentin. Ils y envoyèrent pour ce sujet un certain religieux apostat, nommé Soler (49), [*qu'*]on dépeint comme un intrigant et artificieux, lequel s'insinuant adroitement dans les maisons des gentilshommes et des personnes les plus distinguées, leur fit en très-peu de temps recevoir sa doctrine *(a)*.

Les esprits y étoient tout-à-fait disposés. Qu'on se donne la peine de lire la page 162 de l'histoire de M. de Bras, on en sera très-convaincu. Le Clergé étoit pauvre, ignorant et fort déréglé : les évêques percevoient le revenu de l'église, sans s'informer d'autre chose ; on ignoroit l'article de la résidence ; la simonie étoit publique, la pluralité et l'incompatibilité des bénéfices de même ; et celui-là seul n'en possédoit qu'un qui n'en pouvoit avoir davantage.

Cette disposition , jointe à beaucoup d'autres que j'omets, aidèrent beaucoup à Soler : il avoit la figure et les manières de ces gens qui viennent *in vestimentis*

(a) VAR. Ils y envoyèrent, pour ce sujet , un certain religieux apostat, nommé Soler, dont on dit que la famille subsiste encore. Les registres des baptêmes faits au prêche de Saint-Lo, en 1609 et années suivantes, font foi que le fils de ce Soler étoit ministre en ce lieu. On dépeint ce premier Soler comme un intrigant et artificieux, lequel s'insinuant adroitement dans les maisons des gentilshommes et des personnes les plus distinguées, leur fit en très-peu de temps recevoir sa doctrine.

ovium (*) ; il ne paroît que de *réforme,* et cette réforme consistoit à abolir le célibat, les vœux de religion, la confession, la pénitence, les sacrements, les jeûnes, les abstinences, les mortifications, la dépendance, et autres choses semblables, si onéreuses aux libertins.

Entre le grand nombre des personnes qu'il pervertit, on compte quatre seigneurs distingués en ce Bas-Cotentin : le seigneur de Sainte-Marie-du-Mont, Aux-Espaules ; le seigneur de Colombières, Bricqueville ; le seigneur d'Agneaux, Sainte-Marie ; et celui de Cerisy, Richier.

On marque particulièrement quatre lieux où ces premiers protestants faisoient leurs assemblées de jour ou de nuit, selon qu'ils le pouvoient à cause de la rigueur des édits de François Ier et Henri II : 1° la *Maison d'Agneaux,* dont le seigneur étoit perverti, [*ou*] une caverne, de l'autre côté de cette maison, dans un rocher, à laquelle, pour cette raison, on a donné le nom de la *Caverne-au-Serpent;* 2° en un coin du bois de Soules, vers le soleil levant, proche d'un arbre qu'on appelle encore la *Chaire-au-Diable;* 3° il fit encore, en un de ces [*champs*] qui sont vers le lieu qu'on appelle le *Clos-Varroc,* bâtir une petite maison, où lui et quelques-uns de ses consorts, sous prétexte de tenir les petites écoles, corrompoient la jeunesse, soutenus en cela par les puissances de la ville, dont il y en avoit

(*) Matth., vii, 15.

beaucoup de trompées par ces artifices; 4° enfin dans
une grange de la maison d'Agneaux, où, après la mort
de Henri II, on faisoit publiquement le prêche.

Ces nouveautés firent du bruit long-temps même
avant cette mort. Nous trouvons dans les mémoires du
Chapitre de Coutances que, dès l'an 1551, le désordre
étoit si public que les seigneurs de Saint-Lo, je veux
dire les évêques de Coutances, qui ne savoient ce que
c'étoit de résider, et spécialement Etienne Martel, qui
tenoit alors le siége, n'y donnant aucun ordre, le Chapitre fut dans l'obligation d'en donner avis et porter
ses plaintes à M. le cardinal de Vendôme, archevêque de Rouen, et lui députa un chanoine pour ce
sujet, afin d'obtenir sa protection contre l'insolence de
ces nouveaux apôtres; mais toutes ses diligences et ses
poursuites furent inutiles, parce que s'étant élevé conflit
entre la justice séculière et ecclésiastique, à qui en
auroit la connoissance, les deux juridictions ecclésiastique et séculière voulant connoître de leur fait, comme
de crime d'hérésie dont chacun se disoit le juge,
pendant ce conflit rien ne se faisoit (50), si ce n'est que
le Calvinisme s'augmentoit de plus en plus (a).

Nous trouvons aussi dans les mémoires et dans la Vie
du maréchal de Matignon écrite par Caillières, que, dès

(a) VAN...........parce que s'étant élevé un conflit entre la
justice séculière et ecclésiastique, à qui en auroit la connoissance, le
Parlement l'ayant retenue à lui seul, on en demeura là, aux dépens de
l'ancienne religion.

l'an 1559, les insolences des novateurs étoient si grandes
que la Cour, en ayant eu avis, ordonna au seigneur de
Matignon de lever une compagnie de cent arquebusiers
à cheval ou de deux cents à pied, lesquels seroient entre-
tenus aux dépens du Clergé, pour s'opposer aux persé-
cutions éternelles de ces prétendus réformateurs (51).

L'édit qu'on appela de juillet 1561, parce qu'il fut
fait en ce mois, les irrita, comme le Colloque de Poissy
(auquel six cardinaux, quarante évêques, et plusgrande
quantité de docteurs, ne firent point de difficulté de
compromettre la religion et eux à une troupe de scé-
lérats, desquels les moins mauvaises qualités étoient
d'être *prêtres* et *moines, apostats* et *infâmes)* les rendit
insolents; et enfin l'édit de janvier de l'an suivant 1562,
leur éleva tellement le cœur, qu'ils devinrent tout-à-
fait insupportables, de manière que, sous prétexte du
tumulte de Vassy, ils s'armèrent presque en même temps
partout le royaume; et il n'y a point de maux imagi-
nables qu'ils ne fissent particulièrement en cette province, à Rouen, à Caen, à Coutances et à Saint-Lo.

Ils se rendirent maîtres absolus de cette dernière
ville, brûlèrent les images, brisèrent les croix, déro-
bèrent l'argenterie, profanèrent les vases les plus sacrés
et les enlevèrent, brûlèrent cette belle bibliothèque de
M. Boucart, sans néanmoins faire encore le pis qu'ils
pouvoient, parce que les catholiques n'osèrent leur faire
aucune résistance.

[*Peut-être*] aussi que, dans le dessein qu'ils avoient
de se fortifier dans Saint-Lo, [*ils*] ne vouloient irriter

tout-à-fait les catholiques dont ils prévoyoient devoir
avoir besoin : ils avoient même, auparavant ceci, par-
tagé l'église Notre-Dame avec les catholiques, de manière que les uns avoient leurs heures pour leurs
services, et les autres pour le prêche *(a)*.

Aussitôt que le comte de Montgommery eut avis par
le moyen du sieur de Colombières, son gendre, de l'état
de la ville de Saint-Lo, il y accourut à dessein de s'y
fortifier de manière qu'il pût, par ce moyen, se rendre
maître de tout le Cotentin *(b)*. Le poëte de Saint-Lo
l'explique ainsi :

(a) Var. L'édit qu'on appela de juillet 1561, les irrita, comme le
Colloque de Poissy les avoit rendus insupportables ; mais l'édit de
janvier 1562 les éleva de manière qu'ils ne prirent plus aucune
mesure. Ils se rendirent absolument maîtres de Saint-Lo, y com-
mirent les mêmes désordres qu'on avoit vus ailleurs : les catholiques
devinrent leurs esclaves et s'estimèrent heureux qu'on leur prêtât une
partie de leurs églises pour y faire le service divin. Les désordres au
reste y furent moindres qu'ils n'avoient été à Caen et ailleurs, parce
que le seigneur de Sainte-Marie-d'Agneaux, chef de ces novateurs
et gouverneur de la ville, étoit d'un naturel plus doux et tel que les
emportements et les violences ne lui plaisoient pas.

Lors donc qu'il se vit maître de cette ville et chef du parti le plus
fort, il songea seulement à s'y maintenir et à s'y fortifier, en cas qu'on
entreprit de l'en dénicher.

(b) Var. Le comte de Montgommery et le marquis de Colombières
étoient généralissimes des troupes huguenotes en Basse-Normandie :
ils envisagèrent Saint-Lo comme le lieu le plus commode pour le
dessein qu'ils s'étoient formé de s'y établir une espèce de république,
comme ils avoient fait en d'autres provinces. [*Montgommery*] vint
donc à Saint-Lo, et le gouverneur le reçut sans coup férir.

Sed cum nulla diu patiatur tempora dulci
Regnaque pace frui belli discordia nutrix,
Pectore jamdudum memori Catharina dolorem
Servabat tacitum : verum novus addidit iras
In Montgommerium, letho qui cuspide regem
Fatali dederat, rursusque (Amboesia nosti !)
Criminis in natum compertus, ad altera fraudis
Tegmina cum sociis animum convertit, et ausus
Impius hæreseos fautor jam nectere causas
Romani ritus et relligionis avitæ,
Occupat hanc variis ereptam casibus urbem.

Ce fut alors que l'hérésie se montra tout entière, et
découvrit sa fureur contre les images et ceux que ces
images représentoient : c'est [*ce que dit notre poète*] en
décrivant l'église Notre-Dame :

.... Verum quid cæca furore
Hæresis hausta recens immundo Acheronte venena
Ausa sit eructans? Vacui testantur ab omni
Effigie loculi, et truncatæ membra figuræ.

Dans un de ces registres du Présidial, que nous avons
cité, l'article qui suit un long arrêt donné en ce siège
le 18 juin 1562, est conçu en ces termes : « De la
» notez qu'environ la S¹-Jean les troubles commen-
» cerent pour la religion, et estoient deux partis de ceste
» Normandie aux villes fermées, et y faisoient les bour-
» geois ligue en telle sorte que le camp devint devant
» ceste ville et fut ladite ville saccagée et pillée, parce
» que la ville fut rendue le 27 septembre en cest an ;

6

» et pour ceste cause ne fut depuis fait que peu de
» chose au Siege presidial , parce que les Conseillers
» s'absenterent. »

On remarquera que le greffier Nicole Le Roux, qui
a fait cette note en son registre , étoit un huguenot
fieffé ; qu'il ne parle point des maux que ses confrères,
les hérétiques, avoient faits en cette ville ; et que ce
camp dont il fait mention ici étoit une armée qui vint
de Bretagne, commandée par M. le duc d'Etampes,
pour remettre en leur devoir Saint-Lo et quelques
autres places , dont les Huguenots s'étoient rendus
maîtres. — Le comte de Montgommery, qui connois-
soit l'importance de cette place pour son parti, s'étoit
jeté dedans, en intention de la défendre ; mais ses forces
ne se trouvant pas suffisantes pour résister à l'armée de
M. d'Etampes , il aima mieux se réserver à une autre
fortune et s'enfuir honteusement , que de souffrir un
siége dont il craignoit l'issue. Il se retira donc secrètement, et laissa Saint-Lo et la plupart de son bagage à
la discrétion du vainqueur. [Notre poëte le décrit ainsi,
parlant de Montgommery qu'il assure avoir été assiégé
dans la ville :]

Dumque sibi muros promittit, et omnia tuta,
Ecce, velut præceps inopinæ grandinis imber,
Miles Aremoricus, Stampæo pectore forti
Tum duce, Sanlaudum jussus ruit agmine denso,
Et Montgommerium, positis ad mœnia castris,
Obsidione premit : furto sed lapsus ab urbe,
Hostibus ille locum. haud iræ prædæque reliquit.

Vers le milieu du dernier siècle, il y eut procès, au
bailliage de Saint-Lo, entre deux gentilshommes, le
seigneur du Mesnil-Durand d'une part, et le seigneur de
Conteville. Ce dernier appelant en garantie des droits
d'une terre qu'il avoit achetée du premier, ce premier
excipoit, disant que les titres de sa maison avoient été
pillés ou perdus pendant les troubles de la religion : de
quoi ayant été reçu à faire preuve, et ayant fait entendre
plusieurs témoins, on peut voir, comme j'ai vu, en la
déposition de plusieurs témoins, une image de l'état
de ces temps malheureux dont nous parlons.

« Perrette Leroi, aagée de 84 ans », porte un de ces
témoignages, « dit qu'elle a veu prendre par guerre trois
» fois ceste ville de Saint-Lo, et qu'elle estoit aagée de
» 13 à 14 ans quand les Bretons la vinrent prendre, il
» y a près de 70 ans : et se souvient bien d'avoir ouï
» dire en ces temps-là qu'un nommé Cantrainne estoit
» dans ceste ville capitaine des Huguenots, qui y estoient
» maistres sous le seigneur de Montgommery. Lesdits
» Bretons furent chassés une année après. Et on fai-
» soit toutes sortes de cruautés aux prestres et catho-
» liques des environs, bruslant et pillant leurs maisons,
» particulierement celle de Lucas Duchemin, escuyer,
» sieur du Feron, qui estoit juge en ladite ville, et qui
» estant allé demourer en sa terre de la Vaucelle, tout
» le bruit estoit que les Huguenots y avoient esté pour
» le tuer, et avoient bruslé tous les ornements de la
» chapelle sainte Pernelle, où l'on alloit beaucoup en
» pelerinage, etc. »

« Jean Louis dit qu'il avoit 17 ans, lorsqu'à la fin
» de 1561, le sieur de Sainte-Marie-d'Aigneaux, qui
» estoit lieutenant en ceste ville sous M. de l'Espine-
» du Bois, qui en estoit capitaine, se fist huguenot, et
» fist surprendre la ville par le sieur de Montgômmery,
» sous lequel la pluspart des habitants de la ville prirent
» aussi la nouvelle opinion, et se revolterent contre le
» Roy et le sieur de Cossé, lors evesque de Constances,
» seigneur et baron de Saint-Lo. Se souvient que les
» capitaines Miette-Groucy et Cantrainne faisoient en
» ceste ville et aux environs toutes sortes d'outrages
» et de violences aux prestres et aux catholiques ; pour-
» quoy le Roy envoya une armée de Bretagne assieger
» ladite ville, qui fut prise d'assaut ; mais un an après
» elle fut reprise sur les Bretons par le sieur de Mont-
» gommery. Se souvient le parlant que le capitaine
» Groucy, après avoir fait abattre les images du dedans
» de l'eglise et du portail de Notre-Dame, fut avec ses
» soldats abattre la grande croix qui estoit vis à vis de la
» chapelle sainte Pernelle de la Vaucelle, et pillerent la
» maison, et voulurent tuer Lucas Duchemin, escuyer,
» sieur du Feron, qui estoit le premier magistrat de
» ceste ville, qui fut obligé de se retirer en sa terre de
» la Meauffe, où il mourut en 1574, le jour que Saint-
» Lo fut pris après trois assauts par M. de Matignon, où
» M. de Colombieres, qui commandoit en la ville, fut tué
» sur la bresche. »

La mémoire de ces Bretons qui prirent et par après
perdirent Saint-Lo est demeurée odieuse aux habitants,

parce que, outre qu'ils distinguoient peu entre le huguenot et le catholique, et presque tous les bourgeois étant
huguenots, ils furent assez maltraités pour en conserver le souvenir à leur postérité. Ils en furent, comme
on le voit par cette déposition et par plusieurs autres
témoignages, bientôt chassés par l'adresse de celui qu'ils
en avoient fait fuir.

La reine Catherine de Médicis régentoit le royaume
sous la minorité de son fils, le roi Charles IX, et, après
la paix et l'édit de 1563, elle voulut faire voir la France
à ce jeune monarque. Saint-Lo eut l'honneur de le posséder : il fut encore logé à la Vaucelle, en l'appartement royal ; ce que notre poëte n'a pas oublié en faisant
la description de ce logis :

> Qua gelidas igitur valles, et mollia prata
> Solis ad occasum rorans interfluit amnis,
> Est antiqua domus (nostri dixere *Vacellas*
> Inclyta nominibus multis, auctoris honore,
> Regis et hospitio, et Galileæ virginis æde.

Ce roi fut de là à Caen, où, par cet édit dont nous
venons de parler, il transféra notre Présidial.

Le voyage du Roi troubla les Calvinistes. Il avoit
remarqué partout une désolation entière, et ne pouvoit
assez dissimuler ni s'empêcher de détester les auteurs
de tant de maux : ce fut le sujet d'une nouvelle révolte.
Les seigneurs huguenots de notre basse province n'a-
voient voulu la paix que pour avoir le temps de respirer
et de prendre mieux leurs précautions : on découvrit

une entreprise que le sieur de Pierrepont (52) avoit sur
Cherbourg pour le livrer aux Anglois ; on le [*suivit*] ;
il fut pris sur le point de l'exécution, blessé et pendu.
Il découvrit entre autres choses le commerce si pernicieux à sa patrie que Montgommery entretenoit continuellement avec les Anglois par le moyen d'un Ecos-
sois. Point de moyen que lui, Colombières et une
infinité d'autres brouillons semblables pussent vivre en
repos en leurs maisons ; et nous apprenons des mémoires du maréchal de Matignon, que, dans une
instruction qu'on lui donna, on lui ordonnoit de chasser
Sainte-Marie-d'Agneaux de Saint-Lo , mais de l'en
chasser non par la force, mais par adresse.

Ce seigneur de Matignon eut ordre de démanteler
cette ville (53), s'il le jugeoit à propos ; il ne crut pas
devoir le faire : au contraire, il fit faire aux portes et
aux murailles les réparations qu'il jugea nécessaires ;
et comme l'église de Saint-Thomas, ainsi que nous
l'avons dit, étant bâtie sur cette hauteur que l'on appelle
les Champs, dominoit entièrement le château et la ville,
il la fit démolir, sauf à indemniser les paroissiens pour
la transférer en un lieu où elle ne pourroit servir de
fort ni de retraite aux ennemis de l'Etat et de la ville.
Notre poëte en dit peu de chose, en parlant du rétablissement de cette même église :

> Hic tua, quæ diro Marti devota jacebant,
> Inclyte martyrio Thoma, nunc templa resurgunt,
> Sed priscum renovare decus cœptœque labori

Non-sinit optatum res areta imponere finem ;
Nempe stetere prius campo, cui proxima nomen
Fama dedere suum.........................

On découvrit encore que les rebelles avoient dessein
de se cantonner en Cotentin et de s'y faire une république, comme au pays d'Aunis, à la Rochelle et en
Saintonge. La fertilité du pays, et la proximité d'Angleterre de qui, en peu de temps, ils pouvoient recevoir
toutes sortes de secours, leur faisoient naître cette pensée et en même temps chercher les moyens d'en venir à
bout. On en donna avis en Cour ; et on a inséré dans la
Vie du maréchal de Matignon une partie du *Mémoire*
qui fut envoyé pour ce sujet à la Reine-mère : on lui
fait connoître que Cherbourg avoit besoin d'un bon
gouverneur et d'une bonne garnison ; qu'il seroit à
propos de réparer le fort d'Omonville ; que si les ennemis s'emparoient de ces deux places, en rompant la
chaussée des ponts d'Ouve, ils se feroient une île de près
de cinquante lieues du meilleur et du plus fertile pays
de la France qu'il leur seroit très-aisé de garder ; et
que, pour tenir les Huguenots en paix, il étoit nécessaire d'entretenir des garnisons dans les châteaux de
Valognes, de Saint-Sauveur-le-Vicomte, ponts d'Ouve,
de Saint-Lo, Vire, etc. (54).

La prise de Rouen avoit chassé Montgommery de
notre province, la paix l'y ramena ; et avant la publication de cette paix, il eut encore la satisfaction de piller
l'abbaye de Saint-Etienne de Caen par ordre de l'amiral

de Châtillon, ainsi que le rapporte M. de Bras(*), qui
assure qu'il s'acquitta si dignement de cet ordre qu'il
n'y laissa que les murailles, ayant vendu à un nommé
Vignolles jusqu'au plomb dont l'église étoit couverte; et
il paroît par une lettre de la Reine écrite à M. de Matignon (11 avril 1563) que ce même Montgommery
avoit grande envie , et même [*avoit*] pris ses mesures
pour cela , d'enlever l'argent de la taille avant cette
publication (55); la prudente conduite de ce seigneur
l'en empêcha.

Ce sont les traits de la bonne foi des hérétiques après
et devant la paix : mais si leur infidélité a été en tout
extrême, elle parut tout-à-fait *indigne* à l'entreprise de
Meaux. Dieu sauva le roi Charles IX en cette rencontre,
comme il avoit fait son frère François II à Amboise ;
il souffla sur leurs cruels desseins. Ils ne réussirent
pas mieux à la guerre, ni aux sanglantes batailles qui
s'y donnèrent : l'Ile-de-France, le Poitou et la Saintonge en furent le principal théâtre ; Saint-Lo tomba
derechef sous leur puissance.

Je n'ai point trouvé de mémoires par lesquels j'aie
pu connaître comment il fut traité à cette fois; mais
apprenant des registres de l'Evêché l'honnêteté hugue-
note de Colombières à l'égard de Coutances, j'ai peine à
croire qu'elle fût autre à Saint-Lo ; la voici, sur l'an

(*, *Les Recherches et Antiquités de la ville de Caen* , pag. 185
et 186.

1568 : « Hac die dominica sacræ Quadragesimæ *in*
» *Brandonibus* septima mensis martii, dominus de Co-
» lombieres una cum suis satellitibus, hora octava de
» mane, hanc civitatem Constantiensem aggressus fuit,
» et secum plures in sacro sacerdotii officio constitutos
» ducere fecit apud Carentonium et in carcerem mittere
» præcepit, in quo per quindecim dies in catenis ferreis
» inferratos detinere mandavit. Et advenientibus die-
» bus decima quinta et decima sexta mensis prædicti,
» cathedræ et sedilia ac omnia et singula *in* ecclesia
» prædicti loci de Carentonio ex jussu dicti Colombieres
» combusta et concremata fuerunt ; campanasque dictæ
» ecclesiæ descendere et in suo castro transportare
» fecit. Et domini gubernatores de la Villarmois et
» Sancti Martini, mercurii vigesima tertia die dicti
» martii, dictum de Colombieres et suos satellites repul-
» serunt et ex eis quosdam occiderunt (56). »

Il se plàtra encore une espèce de paix : l'insolence
des hérètiques fit qu'elle fut suivie d'une sanglante et
éternelle catastrophe, la Saint-Barthélemy. Cette terrible saignée irrita le mal, loin de le guérir. Montgommery et Colombières l'avoient évitée, s'étant en-
fuis de nuit, le premier en Angleterre, et l'autre en
Cotentin (*a*).

(*a*) Var. Le comte de Montgommery et le marquis de Colombières
ayant évité la Saint-Barthélemy se retirérent l'un en Angleterre
et l'autre en Cotentin : le premier pour obtenir du secours de la reine
de cette île, pour la Rochelle que l'armée catholique, commandée par

Il se fit encore une autre espèce de paix devant la Rochelle, où les Polonois étoient allés quérir le duc d'Anjou
qui l'assiégeoit, et qu'ils avoient choisi pour leur roi.
Elle fut bientôt suivie de ces brouilleries de Cour
[*pour*] lesquelles le duc d'Alençon, le roi de Navarre
et quantité de gros seigneurs furent arrêtés, ce qui
donna occasion aux hérétiques de reprendre les armes.

Ce fut alors que le comte de Montgommery, qui étoit
avec la flotte angloise de 6,000 hommes aux îles de
Jersey et Guernesey, descendit, ainsi que le disent les
mémoires du Chapitre de Coutences, inopinément au
port de Linverville, où ayant été joint par Colombières,
ils firent toutes sortes d'insultes aux ecclésiastiques et
aux riches catholiques.

Ces mêmes mémoires rapportent que, dès l'an 1561,
le siége épiscopal étant encore vacant, ces hérétiques
avoient fait de grands désordres à Coutances ; qu'ils
firent incomparablement pis en [*l'an*] 1562, auquel,
disent-ils, il vint un grand nombre de gens armés pour
enlever le sieur Evêque et les chanoines : ils en arrê-
tèrent une partie avec ledit sieur Evêque pour les ran-
çonner, comme ils firent et comme ils jugèrent à
propos, et, en même temps, [*ils*] pillèrent et brûlèrent
tout ce qui appartenoit aux ecclésiastiques.

le duc d'Anjou, assiégeoit ; l'autre pour rassurer nos protestants, que
la Saint-Barthélemy et les journées de Moncontour et de Jarnac
avoient épouvantés ; il se disoit *Lieutenant du Roi* en cette province, et vouloit que, sous ce nom, tout lui obéit.

Ce fut encore pis à cette descente de Linverville :
ils se saisirent d'Arthur de Cossé, alors évèque de
Coutances, et de plusieurs de ses chanoines, qui
no pensoient à rien *moins* et se croyoient en sûreté
sous le bénéfice de la paix, et les menèrent prisonniers à Saint-Lo. La manière dont ils traitèrent ce
prélat est abominable : ils le promenèrent par les rues,
monté sur un âne, la face tournée vers la queue qu'ils
l'obligèrent de tenir au lieu de rênes de bride; ils le
couvrirent d'une vieille jupe au lieu de chape, avec
une espèce de mitre de papier, accompagné de ses
ecclésiastiques en équipage non moins ridicule, et suivi
de toute la canaille de la ville, qui, à l'envi l'un de
l'autre, leur chantoient mille injures et leur faisoient
toutes sortes d'insultes. [*Voici ce qu'en dit le poëte de
Saint-Lo :*]

> Præsul ab hæreticis in vilem raptus asellum,
> Aversaque sedens facie, et sacra tempora vittis
> Cinctus chartaceis, scelus o ! ausumque nefandum
> Civibus indignum ! rabie stimulante per urbem
> Ducitur : antistes pius hæc ludibria passus,
> Quo, rogo vos, inquit, miseri, dementia cogit ? etc.

Ils n'en retirèrent pas tout le profit qu'ils en espé-
roient. Ce qui restoit de catholiques et même de protestants honnêtes et moins emportés eurent horreur de
ces insolences : on trouva moyen de déguiser le prélat
en valet de meunier, lequel, conduisant un âne chargé
de blé, sortit en cet équipage de la ville, et alla ainsi

jusqu'au pont de Vire, proche l'Hôtel-Dieu, où il trouva des cavaliers qui l'attendoient et [qui] le conduisirent à Granville.

Les mémoires du Chapitre ajoutent que les Huguenots s'étant emparés de Saint-Lo, Carentan, le Pont-l'Abbé, la Sensurière (57), du grand et petit Vey, du pont de Saint-Hilaire, du château de Saint-Sauveur-le-Vicomte, du château de la Motte, ils ravagèrent tout le pays et pillèrent partout les ecclésiastiques.

La cour fut alarmée : la Reine-mère, à laquelle le Roi, à cause de sa faiblesse, avoit remis l'administration des affaires, ordonna trois armées. Elle donna le commandement de la troisième au seigneur de Matignon contre Montgommery et Colombières, son gendre, et les autres rebelles de Basse-Normandie.

Ces rebelles faisoient leur principal fort et leur arsenal à Saint-Lo : il fut résolu de commencer par les [en] chasser. On envoya néanmoins auparavant le vicomte de Turenne et le sieur de Guiton pour essayer de détourner Montgommery de la guerre : il la vouloit ; et ainsi M. de Matignon eut ordre de s'avancer avec ses troupes et d'assiéger Saint-Lo.

Ce siége est décrit par deux auteurs : le premier est un écrivain de ces temps-là, lequel faisant un abrégé des guerres pour la religion commence par celle des Hussites en Bohème, et finit par le siége et la prise de Saint-Lo et de Carentan (58) ; l'autre est feu M. de Caillères, en la *Vie du maréchal de Matignon*. Nous tirerons une partie de ce que nous allons dire de l'un et de l'autre, et le surplus, des bons mémoires que nous avons vus.

Montgommery étoit à Carentan, où il obligeoit à coups de bâton 400 paysans chaque jour à travailler aux fortifications de cette ville, dont il avoit fait gouverneur le comte de Lorges, son fils, lorsqu'il apprit que M. de Matignon sortoit de Caen avec une armée de cinq à six mille hommes, pour venir contre lui : il vint aussitôt à Saint-Lo, à dessein d'y donner les ordres qui seroient nécessaires en cas d'attaque.

M. de Matignon sortant de Bayeux, où il étoit venu de Caen, jugeant que l'adresse n'étoit pas moins utile à la guerre que la force, fit deux choses dignes de remarque à mon avis : il envoya un courrier à Rampan-Clérel, gentilhomme voisin de Saint-Lo, et lui mandoit que son dessein étoit d'assiéger Carentan, et qu'il le prioit, lui et Sainte-Marie [d'] Agneaux, de venir le trouver en ce siége, avec ce que l'un et l'autre pourroient ramasser de leurs amis; mais surtout qu'ils eussent l'un et l'autre à tenir la chose secrète, jusqu'à ce qu'il fût passé le Vey où il alloit. Ce général, connoissant le génie de Sainte-Marie qui étoit huguenot, mais en secret, paroissant à l'extérieur dans les intérêts du Roi, eut l'idée qu'il ne manqueroit pas de relever au même moment ce prétendu secret à Montgommery et [à] Colombières, ses amis, afin qu'ils y prissent leurs mesures.

Ce qui acheva de les tromper, c'est que M. de Matignon détacha en même temps Villers-Emmery (59), un

de ses maréchaux-de-camp, avec huit ou neuf cents
hommes, et l'envoya vers le petit Vey, comme pour
aller investir Carentan; ce que Montgommery craignant pour son fils, il affoiblit la garnison de Saint-Lo
de 500 hommes qu'il envoya aussitôt à Carentan : c'est
ce qu'avoit prévu son ennemi. Sitôt donc qu'il [en] eut
la nouvelle, Emmery, par son ordre, tourna à gauche
et vint en diligence occuper les hauteurs de Saint-
Georges et d'Agneaux, pour empêcher le retour de ces
détachés. M. de Matignon fit le même mouvement, et
vint investir Saint-Lo.

Montgommery, surpris de cette fâcheuse démarche,
ne crut pas devoir y demeurer enfermé; il crut qu'il
suffisoit de son gendre pour le défendre, et il s'imagina
qu'il seroit plus utile à son parti de tenir la campagne,
où il pourroit plus facilement amasser des troupes et de
l'argent pour venir secourir Saint-Lo : et « d'ailleurs, »
[dit mon auteur,] » souhaitant empoigner bonne somme
» de deniers qui l'attendoit à Alençon, dont la plus-
» part estoient protestants, il sortit par la porte Dolléc,
» assez negligemment gardée par notre capitaine Hybor-
» neau, fist impetueusement sortie sur lui, et par ce
» moyen gagna le haut, et d'une traite donna jusqu'à
» Domfront. »

Un capitaine nommé *Le Roy*, surnommé *le balafré*,
s'étoit, sous les ordres de ce général huguenot, emparé
de Domfront (60) : il voulut, lui, auparavant que de
sortir de cette ville, s'emparer de l'argent de ce *balafré*.
Il lui fit faire pour ce sujet une querelle d'allemand,

[*le fit*] tuer par un de ses gens, et se saisit de son argent, au rapport de notre historien : « D'elle, » c'est-à-dire de la ville de Domfront « s'estoit emparé, à » l'instigation [*de Montgommery*], un capitaine pro-» testant nommé Le Roy *balafré*, garni pour l'heure » d'une grosse bougette remplie de bon nombre d'or » et d'argent. Le comte, non ignorant de ce et con-» voiteux d'en estreiner sa bienvenue, aposte un gen-» tilhomme, qui se formalisant exprès d'un pied de » mousche, jette mon pauvre balafré tout roide sur la » place. » Cette infidélité fut bientôt punie.

M. de Matignon, ayant appris la fuite du comte de Montgommery (64), accompagné d'une bonne troupe de cavalerie, le suivit en toute diligence, fit armer les com-munes, assiégea Domfront, le prit, obligea ce chef huguenot, qui s'étoit enfermé dans le château, de se rendre, et l'emmena sous sûre garde à Saint-Lo, dont le siége continuoit toujours, par ses lieutenants, depuis le premier jour de mai, mais lentement.

La ville de Saint-Lo, comme nous avons dit, est située sur une éminence : l'enceinte de ses murailles contient en tout sept à huit arpents de terrain : elle est carrée, mais plus longue que large ; cette longueur s'étend du levant au couchant. Elle a, sur les deux angles de ce couchant, deux anciennes tours remar-quables pour l'intelligence de ce que nous avons à dire : celle de ces tours, qui est à l'angle du nord, peu dis-tante de la porte Dollée, s'appelle *la tour de la Rose* ; l'autre, qui est à l'angle du midi, vis-à-vis du pont de

Vire et de l'Hôtel-Dieu, est nommée *la tour de Beau-Regard*, et tout l'espace entre ces tours est aussi appelé *le Beau-Regard*.

Les Protestants s'étoient particulièrement appliqués à fortifier Saint-Lo du côté des *Champs* et du *Neufbourg*, ne se persuadant pas qu'on entreprit de les forcer du côté de la rivière, ni de grimper amont ces rochers si escarpés et si effroyables sur lesquels sont ces deux tours. Ce fut néanmoins de ces côtés-là qu'on les attaqua : on dressa deux batteries, la première vers le nord, au côté droit de ce chemin qu'on appelle *Poderet* (62), qui conduit à l'église Saint-Georges, au lieu où est présentement le jardin de M. de la Tour, qui ruinoit la tour de *la Rose* et la courtine qui étoit entre elle et la porte Dollée ; on éleva l'autre sur un cavalier placé sur les champs d'Agneaux, pour renverser les murs et les fortifications qui étoient entre les deux tours de *la Rose* et de *Beau-Regard* (*).

Les brèches étoient petites au retour du général catholique ; « mais [, *dit mon auteur*,] arrivé que fut le sieur » de Matignon, pour aller plus expeditivement et seu- » rement à besongne, essaye ranger Colombieres à

(*) En égale distance, justement au milieu de ce rocher, paroît, un peu plus enfoncé et un peu moins élevé que ne le sont ces côtés, le lieu où le jeune Groualle, depuis quelques jours, a fait dresser un petit lieu de plaisance, où il m'a dit qu'en aplanissant de petits coins de ce rocher pour y faire un escalier, il a encore trouvé quelques boulets de canon (*T. de B.*).

» quelque composition par l'entremise et remonstrance
» de Montgommery ; mais homme feroce et dur, au lieu
» de croire le conseil du comte, luy dit mille pouilles,
» en l'appelant *bourreau sanguinaire, hardy fuyard,*
» *poltron assiegé, meritant la corde pour s'estre laissé*
» *prendre vif, et reservé à une mort infame.* Quant à
» sa part, il protestoit aimer trop mieux rendre l'ame
» sur la bresche en bon soldat, qu'aller en Greve servir
» de spectacle aux Parisiens ; il le somma en mesme
» temps de se retirer, luy faisant defense de paroistre
» jamais devant luy. »

Voici quelques versets d'un vaudevire que les soldats
chantoient sur ce siége (a) :

Un premier jour de may, par permission divine,
Saint-Lo fut assailly à coups de couleuvrine ;
    Somme qu'on eust pensé
    Que tout y fust rasé,
    En cendres consumé,
    Et trestout en ruine.

Malignon y estoit et sa gendarmerie,
Rampan-Clerel, aussy Aigneaux Sainte-Marie
    Qui sans cesse crioit :
    « Colombieres, rends toy
    » Au grand Charles, ton roy.
    » Ou tu perdras la vie. »

(a) VAR. On voudra bien me permettre d'insérer ici deux ou trois
versets d'un viel vaudevire qui fut fait alors sur ce siége, dont la
naïveté ne laissera pas de donner quelque plaisir.

7

Colombieres respond, tout remply de l'arte :
« De me rendre en poltron qu'on ne me parle uue ;
  » Jamais ne me rendrai ;
  » Tousjours je combattrai ;
  » Ou je vous chasserai,
  » Ou je perdrai la vie. »

En effet, la ville fut attaquée et défendue avec toute
la vigueur qu'on pouvoit attendre de gens qu'animoit
l'espérance et le désespoir. Les assiégeants s'étoient
d'abord saisis des faubourgs de Torteron, de Dollée et
des autres ; et dix-huit pièces de gros canon et quatre
couleuvrines tirant incessamment, firent enfin une
brèche raisonnable à la tour de *la Rose* dont ils abat-
tirent une partie, et une demi-brèche, pour me servir
de ce terme, en ce lieu de *Beau-Regard* que je viens
de marquer. — On fut trois fois à l'assaut, et fut-on
autant de fois repoussé : enfin les soldats qui étoient à
l'Hôtel-Dieu et qui veilloient à cette seconde brèche,
craignant que ceux qui étoient vers Dollée n'entrassent
les premiers, s'encourageant les uns les autres, grim-
pèrent amont les rochers avec tant de fureur qu'ils
entrèrent, et se rendirent maîtres de la place avec
d'autant plus de facilité que Colombières qui jusqu'alors
avoit plutôt résisté en lion courroucé qu'en homme ,
« tenant la pique au poing, » [*dit notre auteur*,] « le
» harnois sur le dos, receut une arquebusade en la
» cervelle dont il [*broncha*] mort sur la place ; » [*et
qu'*] avec ce capitaine tomba le cœur des assiégés qui,
depuis, ne songèrent plus qu'à la fuite.

Saint-Lo fut assiégé le premier jour de mai 1574.
et pris le 10 de juin suivant, jour et fête du Saint-
Sacrement. Il y eut près de 300 personnes tuées à
l'entrée et à la première fureur des soldats : ils avoient
remarqué entre autres l'emportement d'une femme (63)
à fournir aux assiégés ce qu'elle jugeoit le plus propre
à repousser et à faire périr les assiégeants ; et, parce
que cette femme étoit vêtue d'une camisole rouge,
ils immoloient toutes celles qu'ils trouvoient vêtues de
la sorte. Le général arrêta leur fureur et les contenta
tous.

Il n'y eut en ce siége que 60 catholiques tués, et
environ autant de blessés : le capitaine Hibourneau
qui, comme nous avons vu, avoit laissé échapper
le comte de Montgommery, et [Sacy] (64) furent du
nombre des premiers ; le seigneur de Lavardin, Villers-Emmery et le capitaine Hette furent au nombre
des blessés.

Le poëte de Saint-Lo, après avoir fait une longue
imprécation contre ces malheureux qui avoient ainsi
maltraité l'oint du Seigneur, leur évêque et leur seigneur, décrit ainsi cette prise :

.................Non impune feretis.
Nec mora, castra fremunt circum crepitantibus armis.
Jamque quatit muros, divisaque mœnia pandit
Marte salus belloque ferox Matignonius heros,
Dumque minis cives cladis terrentur acerbæ,
Cedere ni malint, noctu se proripit alter
Acceleratque fugam e fatis in fata vocatus :

Captus enim rigido truncatur gutture ferro ;
Alter sollicitus, turri speculatus ab alta,
Corruit exanimis, percussus tempora plumbo.

Sic tentata *ruunt* Bellonæ vindicis austu
Mœnia *Santaudi* multo conspersa cruore (65).

M. de Matignon demeura huit jours à Saint-Lo pour
y faire traiter les blessés, reposer son armée et réparer
les démolitions faites aux murailles ; après quoi il fut à
Carentan, qu'on croyoit fortifié d'une manière imprenable. De Lorges, comme nous avons dit, fils du comte
de Montgommery, en étoit gouverneur : il avoit avec lui
500 soldats, sous la conduite de Guitry, 60 gentilshommes et 25 capitaines. Ils tremblèrent à l'arrivée de
l'armée, et rendirent la place à composition le 28 du
même mois de juin ; et ainsi, par la bonne conduite du
comte de Matignon, la paix fut rendue en la Basse-
Normandie.

On me permettra d'insérer ici un extrait du compte
rendu, pour l'année 1574, par un nommé Pierre
Hommet, receveur-fermier des aides octroyés par le
Roi sur la ville de Saint-Lo, se montant à la somme de
959 l. 15 s., dont il avoit reçu diminution de la moitié,
en considération des troubles et ravages universels de
tous les biens de ladite ville et de ceux desdits fermiers ; duquel compte l'article qui a pour titre ces
termes : GAIGES ORDINAIRES, commence ainsi :

« Remoustre led. recepveur que, le 2e jour de mars
« aud. an 1574, ladite ville fut surprise par les rebelles

« qui l'avoient detenüe jusqu'au dix de juin ensuivant
« qu'elle fut reduite à l'obeissance de S. M. Ce neant-
« moins il luy a convenu payer les gaiges ordinaires
« desd. s˞ capitaine de lad. ville et de son lieutenant
« pour lad. année, suivant mesme l'ordonnance qu'ils
« en avoient obtenüe de M. de Matignon, chevalier de
« l'Ordre, lieutenant et gouverneur pour sad. Majesté
« en ce pays..... Comme aussy led. recepveur a payé
« les gaiges de deux mois qui estoient janvier et febvrier
« avant lad. surprise auxdits portiers de la ville, etc. »

Après avoir marqué ce qui avoit été payé au capitaine et à quelques autres, il continue en ces termes :
« Dit ledit Hommet recepveur que le second jour de
« mars de l'année 1574 lad. ville fut surprise et occu-
« pée par les rebelles à Sa Majesté, qui l'avoient de-
« tenüe jusqu'au jour du Saint-Sacrement ensuivant
« qu'elle fut reduite et remise en l'obeissance de sad.
« Majesté. »

Après plusieurs articles qui ne sont pas de notre
sujet, il ajoute : « Autres mises faites par led. Hommet
« recepveur par l'ordonnance des eschevins, qu'il leur
« avoit convenu faire suivant les commandements des
« s˞ [de] Colombieres et Challot estans en lad. ville, »
dont sont tirés les articles suivants :

« A Marin Pinel, faiseur de roües, pour avoir remonté
« plusieurs pièces de canon...... .... 10 l.

« A Guillaume Lainé, serrurier pour avoir relevé les
« serrures des portes, changé les garnitures, suivant la
« deliberation du 15˞ mars audit an......... 16 l.

» A Gilles Le Canu, mareschal, pour deux douzaines
» de houes, piquois et pales........... 8 l. 16 s.

» A Marin Marquier, par autre ordonnance du 20
» mars aud. an, pour avoir fait deux loges de bois à
» faire garde-corps à la porte et ravelin du Neuf-
» bourg ; pour ce.................. 52 l. 10 s.

» A Denis Lecoustançois, m° maçon, pour avoir
» refait et raccoustré les murailles de ladite ville en
» plusieurs lieux et endroits, suivant l'ordonnance du
» [25] mars, ci....................... 40 l.

» A Bernard Barbe et Marguerin Remy, charpen-
» tiers, par ordonnance du dernier de mars audit an,
» pour la façon de cent fusts de piques et manches de
» fauchets d'armes ; pour ce............. 30 l.

» A Thomas Folliot et Symon Lemiere, charpen-
» tiers, pour avoir fait et construit un moulin à che-
» vaux......... .... 40 l.

» A Guillaume et Gilles Damemme, mareschaux,
» pour la façon de 20 fauchets d'armes, selon l'ordon-
» nance desdits eschevins du 2° avril...... 13 l.

» A Symon Le Miere et Marin Marquier, charpen-
» tiers, pour avoir raccoustré trois moulins à bras par
» ordonnance........................ 26 l.

» A Jacques Gaston, fondeur, par autre ordonnance
» desd. eschevins du 6° avril aud. an, pour avoir fait
» une palette de cuivre et raccoustré les pilons du
» moulin à poudre .... 16 l.

» A Jean et Marin dits Vardon, boulangers, par deli-

» beration du [*10*] avril, pour avoir baillé et livré 2000
» fagots pour les soldats du corps de garde... 40 l.
  » A Thomas et Guillaume [*Folliot*] pour avoir rac-
» coustré led. moulin à poudre ; pour ce..... 5 l.
  » A Marin Frique, [*mareschal,*] pour avoir fait des
» liens au moulin à poudre et à chevaux. 37 l. 10 s.
  » A Colette, veufve de defunct Guillaume Hamel, pour
» 50 livres de chandelle pour le corps de garde. 20 l.
  » A Toussaint Cornical, Pierre Bucaille, Nicolas
» Duprey, Pierre Doublet, Guillaume Hamel, et Pierre
» Lamy, journaliers, par autre deliberation du 26ᵉ juin
» aud. an 1574, pour leurs peines, salaires et vacations
» d'avoir fait les recherches et enterrements, en plu-
» sieurs lieux de la ville et fossés, de grand nombre de
» corps morts, qui avoient esté tués à l'assaut et prise
» de lad. ville le jour du Sᵗ-Sacrement par l'armée du
» Roy, selon lad. ordonnance et quittance du 27ᵉ dud.
» mois de juin aud. an.................. 34 l. »
  M. de Matignon, que le sieur de Brantôme appelle
dans ses mémoires [*très-*] *fin et trinqual normand* (66),
en faisant généreusement et adroitement les affaires
du Roi et de la couronne, ne négligeoit pas les siennes :
rien ne pouvoit être mieux séant à son comté de
Thorigny que la baronnie de Saint-Lo, et jamais
occasion de se l'acquérir ne pouvoit être meilleure.
  Arthur de Cossé, évèque de Coutances et conséquemment seigneur de Saint-Lo, étoit un très-mau-
vais ménager. Cette ville lui étoit tout-à-fait odieuse
depuis le traitement qu'il y avoit reçu ; et depuis ce

guerres il n'en avoit tiré que tres-peu ou point du
tout de revenu. M. de Matignon sut à propos se servir
de cette occasion et du temps ; il fit proposer à ce
prélat de se défaire de ses vassaux rebelles et de
prendre un autre revenu qui lui seroit rendu avec
moins de peine. Cet évêque ne prévoyoit pas que les
choses dussent retourner en l'état où elles sont : ces
motifs et quelques autres raisons plus pressantes l'obligèrent d'y consentir.

J'ai copie, collationnée par M. de la Tour-Duchemin, du contrat de l'aliénation ou échange entre
ces deux seigneurs : il est passé à Caen le mardi 22
mai 1576 devant Jean Le Maistre et Jean de la Haye,
tabellions royaux en ladite ville et banlieue. Par ce
contrat, il est porté que « Reverend pere en Dieu Mes-
» sire Arthur de Cossé, evesque de Constances, abbé
» du Mont-Sainct-Michel, de Lessay et de S¹-Jouyn
» de Marne, tant pour luy que ses successeurs aud.
» evesché, » baille » en eschange afin d'heritage à
» Noble et puissant seigneur Messire Jacques de Mati-
» gnon, sieur du lieu, conte de Thorigny, » etc., présent et acceptant pour lui et ses hoirs, « la terre, sei-
» gneurie et baronnie de Sainct-Lo, dont le chef est
» assis en la ville dud. Sainct-Lo.... tant en domaine
» fieffé que non fieffé, justice et jurisdiction, avec le
» manoir du[dict] lieu....., rentes seigneuriales, cous-
» tumes..., moulins de Vire » et « de Dollée.... droits
» de pescherie, » et « tous autres droicts, dignitez,
» libertez », et dépendances ; — « selon que » lui, « ses

» predecesseurs [*ou leurs*] mesnagers.... en ont jouy : »
— à la réserve de « la terre, chasteau et seigneurie de
» la Motte-l'Evesque, » avec tous les droits et revenus
dépendant dudit lieu ; à la réserve aussi de « la prairie
» de l'isle André, assise prez et au dessus du moulin de
» Caudo, » laquelle demeurera unie à l'avenir à la
baronnie de la Motte ; à la réserve encore des « fiefs et
» seigneuries de Courcy prez Constances, et de Blain-
» ville assis en lad. parroisse de Blainville, avec tout ce
« qui despend desd. fiefs..... » et tous autres fiefs et
[*tenures*] étant auxdites paroisses de Courcy et Blainville ; lesquels dependant ci-devant de la baronnie
de Saint-Lo seront désormais de celle de la Motte ;
[*les*] dîmes aussi et [*les*] patronages réservés. — « Et en
» contreschange, ledit sieur de Matignon » baille « au-
» dit sieur evesque de Constances et ses successeurs
» les fiefs, terres et seigneurie de Montgardon, en tout
» ce qu'il consiste..... Item la terre et seigneurie des
» Moustiers en Bauptoys » en tout aussi qu'elle se com-
porte ; « lesquelles terres et seigneuries led. sieur de
» Matignon promet fournir et faire valloir trois mil
» livres tournois de revenu annuel ;..... » en « oultre
» payer par chacun an en la ville de Constances entre
» les mains de l'evesque ou son recepveur, au jour
» Nostre-Dame de mars......, la somme de cinq centz
» livres tournois de rente [*censive*], à paine de dix
» sols d'interest par [*chacun*] jour faute dud. paiement. » Promet ledit sieur de Matignon apporter lettres
d'amortissement et indemnité des terres qu'il baille

comme franches et quittes de toutes mouvances et dépendances, hors l'hommage au Roi, et exemptes d'arrière-ban, et qu'en cas de guerre ou hostilité ledit
sieur évêque et ses successeurs seront reçus et logés
audit lieu de Saint-Lo ; lequel dit sieur évêque devoit
entrer en jouissance à la Saint-Michel ensuivant, « en
« attendant lequel temps led. sieur de Matignon » s'obligeoit lui « payer pour les termes St-Jean et St-Michel
« prochainement venant la somme de quinze centz
« livres tournois. »

Les témoins signés en ce contrat sont nobles hommes
Jean Marguerye, sieur de Sorteval, élu à Caen, et
Gabriel de Sainte-Marie, sieur du [*lieu*] ; ledit contrat
passé en la maison de maître Guillaume Gosselin, sieur
d'Yfs-sur-Laison (67).

C'est ainsi que cette très-noble baronnie de Saint-Lo,
après avoir été plus de mille ans [*sous*] la dépendance
des évèques de Coutances et le plus bel ornement de
leur mitre, passa en une autre main ; que le seigneur de
Matignon ajouta aux baronnies de la Ferrière et du
Plessis celle de Saint-Lo, et sut profiter des malheurs de
l'Église ; et que la plupart des ecclésiastiques du premier ordre, courant avec une avidité insatiable après des
biens qui ne leur appartenoient point, perdoient celui
qui leur appartenoit légitimement. Notre poëte chante :

> Quin etiam memori praesul se vindicat ira,
> Jureque mutato, captam cum civibus urbem
> Concessamque sui meritas victoris in iras
> Ad nutum alterius domini parere coegit.

Nous ne trouvons point que , depuis ce temps-là , notre ville ait été affligée d'aucune guerre : aussi M. de Matignon s'y applique-t-il comme à son propre (a). Dès l'an suivant de cette propriété, c'est-à-dire dès 1577, il ordonna [aux] échevins et receveurs de n'employer les deniers de leur communauté à aucun autre usage qu'aux réparations de la ville, et spécialement à celles des portes ; voici un extrait de cette ordonnance :

« Il est ordonné aux eschevins de Saint-Lo de ne se » dessaisir ny employer aucuns deniers d'octroy et pa-» trimoniaux en aucune chose que ce soit, que les » portes et ponts de la ville ne soient refaicts et en estat » de fermer. Fait à Thorigny le 27 de fevrier 1577.

« MATIGNON. »

Et M. du Mesnildot ayant fait arrêt sur les deniers communs de la ville pour être payé de certaine somme qui lui étoit due, il lui en avoit écrit à ce qu'il eût à

(a) VAR. Saint-Lo demeura tranquille sous l'autorité de M. de Matignon, lequel s'y appliquant véritablement, fit boucher la porte du Neufbourg, aplanit le jardin du château, élever la citadelle de la manière que nous la voyons aujourd'hui, avec ses fossés, ses ravelins ou demi-lunes, et réparer les murailles de tous côtés. Le même poëte le dit :

Interea tanquam nullo casura deinceps
Mœnia Marte, prius non solum eversa resurgunt,
Sed cautum est lilis alio munimine belli.
Extant appositis turritæ mœnibus arces,
Quas adversa foris viridi de cespite moles
Aggeris in speciem lunati valloque servant.

lever son arrêt et attendre que les réparations fussent parachevées. Voici sa lettre à M. du Mesnildot :

« D'autant que j'espere faire raccoustrer les portes de » Saint-Lo et y faire quelque reparation qui est pour la » seureté de ce pays, j'ay deliberé y faire employer les » deniers communs de la ville de ceste année, et pour » ce que l'on m'a dit qu'avez quelque argent à prendre » dessus et qu'avez faict arrest sur quelques uns des » fermiers, je vous prie de leur donner relaschement » pour cet arrest. A Thorigny le 23 de fevrier 1577. »

Jean de Gourfaleur, écuyer, seigneur de Bonfossé, fut établi gouverneur de Saint-Lo. Nous avons plusieurs actes de lui (a) : le premier qui se présente est une lettre écrite aux échevins le premier dimanche de novembre 1580, par laquelle il leur mande de lui trouver un logis, attendu que celui qu'ils lui avoient baillé appartenoit à un nommé *M. de Crux*, qui s'en étoit ressaisi.

« Messieurs, » leur mande-t-il, « je vous ay par plu- » sieurs fois mandé d'adviser à me loger en un lieu où je » fusse un peu bien, ce que n'avez [*faict*], et de ceste » heure me voilà au milieu de la rue. Vous voyez M. de

---

(a) Var. C'est ce qui paroissoit, il y a quelque temps, par une des cloches qui étoit en une des tours de l'église Notre-Dame, du poids de 1300 livres, fondue en 1581, sur laquelle étoit son nom et sa qualité de gouverneur. Cette cloche fut refondue 60 ans après, et ces nom et qualité abolis ; mais il nous en reste un million d'autres monuments dont nous en rapporterons bientôt quelques-uns.

» Crux qui s'est venu loger en sa maison sans m'en
» advertir, de façon que ce m'est une honte et à vous
» aussy, et ne puis [*trouver logis*] où faire mettre mes
» meubles qui y sont ny mes armes ; je vous prie d'ad-
» viser à m'en trouver un. M. de Semilly m'a faict
» dire que , si c'estoit à moi à m'en chercher, il me
» presteroit le sien , mais que je ne trouve point es-
» trange qu'il le loue bien à d'autres. Je seray demain
» à Saint-Lo.

   » A Bonfossé le 1ᵉʳ dimanche de novembre 1580. »

   Cette même année 1580 et la suivante, Saint-Lo,
comme nous l'avons remarqué, perdit tout-à-fait l'espérance de recouvrer le siége présidial, au lieu duquel
il obtint le siége de Vicomté, par un édit donné à
Paris au mois de décembre 1581, signé sur le repli :
« *Par le Roy en son Conseil :* BRUSLART. »

   On pensoit cependant toujours aux réparations de
la ville , et nous trouvons dans les archives de la
Maison-commune de Saint-Lo, un acte en forme de
placet au Roi, aux fins d'obtenir quelques deniers pour
le rétablissement des murailles ; à quoi Sa Majesté ayant
égard, il leur adjugea la somme de 400 écus ; cet acte
est daté 1583.

   Il y a aussi la copie, sans date et sans réponse, d'une
autre requête présentée par les habitants de Saint-Lo,
à M. le duc de Joyeuse, gouverneur-général pour le
Roi de la province de Normandie, que nous supposons
du même temps.

Il arriva cependant à la France un autre malheur
guères moins pernicieux que ceux dont elle avoit été
accablée jusqu'alors : on entend assez que je veux parler de *la Ligue.*

Henri III, revenu de Pologne, et succédant à
Charles IX, son frère, n'étoit plus ce duc d'Anjou fou-
droyant les Huguenots aux plaines de Moncontour, de
Jarnac, et partout où ils étoient et osoient paroître, mais
un prince mol et efféminé , et qui se persuadoit pouvoir
venir à bout de ses ennemis par certaines pratiques de
dévotions extérieures , par les artifices et la dissimulation, [*plutôt*] que par les armes : cette politique
n'étoit pas de saison parmi les François de ce temps-là.
Aussi ce monarque tomba peu après dans le mépris
des Catholiques aussi bien que des Hérétiques, particulièrement après l'édit de mai 1576, en faveur des Protestants. Il déplut aux premiers; et les Picards, ayant
osé n'y pas obéir, donnèrent lieu aux autres d'avoir peu
d'égards pour ses ordonnances. Il fut un peu modéré
par un autre édit du mois [*de*] septembre 1577 ; mais,
au dire des ennemis cachés de ce monarque, c'étoit une
marque non-seulement de son inconstance, mais encore
plus de sa faiblesse, pouvant alors , s'il l'eût voulu ,
accabler le parti huguenot.

La mort du duc d'Alençon (*), dernier des frères de
ce monarque, arrivée en 1584, la stérilité du mariage

(*) Empoisonné, disoit-on, par sa mère (T. de B.).

du Roi, et le calvinisme de Henri de Bourbon, roi de
Navarre, premier prince du sang et présomptif héritier
de la couronne, achevèrent de perdre ce prince. Ces
fâcheuses conjonctures alarmoient les moins échauffés
des catholiques : on appréhendoit pour la France
ce qu'on voyoit être arrivé en Angleterre. C'étoit
de ce prétexte spécieux dont on se servoit envers le
peuple contre l'autorité souveraine, et ne tendoit-on
à rien moins qu'à violer les lois du royaume les plus
sacrées, et à transférer la couronne de Saint-Louis sur
une tête étrangère

On donnoit tous les jours avis au Roi de ce que ses
ennemis secrets machinoient contre lui et des résolu-
tions criminelles qu'ils prenoient dans leurs assemblées
séditieuses; mais ce monarque, insensible à toute autre
chose qu'à ses plaisirs et aux caresses de ses favoris,
MM. de Joyeuse, d'O et d'Epernon, se croyoit assez
fort pour détruire tous les desseins de ses ennemis par
sa dissimulation, et gagner la faveur du peuple par ses
dévotions (a).

Henri de Lorraine, duc de Guise, fils aîné de ce
prince qui avoit été assassiné par Poltrot devant Orléans, étoit le chef de cette ligue : le roi se persuada
qu'il le débusqueroit de ce poste en se mettant à la tête ;

(a) VAN. Mais ce monarque insensible à toute autre chose qu'à ses
plaisirs, et attaché à son sens qu'il estimoit assez fort pour rompre
toutes leurs mesures, ne prenant aucune résolution mâle et généreuse,
cette ligue malheureuse fit un tel progrès qu'enfin il en fut accablé.

il franchit le pas, et de souverain qu'il étoit, il se fit *partisan* et *ligueur*. Suivant donc les préceptes que ses confrères, les Ligueurs, lui prescrivirent, il publia un édit le 18 juillet 1585, par lequel il révoqua généralement toutes les grâces qu'il avoit accordées aux Protestants, défendit en son royaume tout autre exercice de religion que [de] la catholique, [et] fit commandement à toutes sortes de personnes de quelque qualité ou condition qu'elles fussent d'en faire profession, ou de sortir absolument de ses états.

C'est l'exécution de cet édit en notre ville qui nous a donné sujet de parler de ce que dessus. Il y fut exécuté à la lettre : on y en conserve encore la mémoire.

La procédure étoit telle : les religionnaires paroissoient devant Mre Michel Le Mennicier, écuyer, sieur de Martigny, lieutenant général du bailli de Cotentin au siége de Saint-Lo, ou devant son lieutenant ; le greffier dressoit le procès-verbal de leur résolution qu'il signoit avec eux et le juge, et leur en délivroit [*chacun*] autant.

Ceux qui préféroient leur religion à leur patrie étoient en obligation de se retirer vers M. de Longaunay, lieutenant du Roi en Basse-Normandie, qui leur délivroit un passe-port dont on faisoit mention en leur procès-verbal, moyennant quoi il leur étoit permis de se retirer en toute sûreté où ils vouloient, hors le royaume.

Ceux au contraire qui préféroient leur patrie à leur religion, après avoir signé le procès-verbal de leur déclaration, étoient envoyés vers Mre Thomas Hatley, official de Saint-Lo, pour y faire leur abjuration (08) : ils prenoient attestation de lui, la présentoient au juge qui en faisoit mention dans son procès-verbal, auquel on ajoutoit un nouveau serment de fidélité envers le Roi et la couronne, qu'ils confirmoient de leur seing.

Par la connoissance que nous avons de ces familles et des descendants de ces personnes qui promirent fidélité à Dieu et au Roi, nous savons aussi qu'il y en eut beaucoup qui faussèrent leur foi et leur serment; nous savons aussi qu'il y en eut un grand nombre qui demeurèrent fidèles : il y en eut quelques-uns qui aimèrent mieux abandonner leur pays que leur religion ; il y en eut incomparablement plus qui firent le contraire. Voici quelques exemples de ce que dessus extraits du registre qui en fut dressé, et qui reste encore entre les mains du greffier de la Maison-de-Ville :

« L'an 1585, le mardy 5e novembre, à Saint-Lo, en
» jugement devant nous Michel Le Mennicier, escuyer,
» sieur de Martigny, conseiller du Roy, lieutenant general
» civil et criminel en la vicomté de Saint-Lo de M. le
» bailly de Costentin, presence de Mres Guillaume Le
» Tresor et Jean Dubois, licenciés aux lois, advocat et
» procureur pour le Roy, notre sire, s'est presenté noble
» homme Jean Miette, sieur de Groucy, lequel nous a dit
» et remonstré qu'[il] a par cy devant et jusqu'à l'edict du
» Roy fait profession de la religion pretendüe reformée,
» ainsy que dlle Denyse Gallet, sa femme, et ses servi-
» teurs et domestiques, et que suivant l'edict et volonté du
» Roy il a la volonté de se retirer luy et sa femme hors

8

» le royaume ; et nous a, à ceste fin, fait apparoir d'un
» passeport de M. de Longaunay, l'un des lieutenans
» generaux du Roy, notredit sire, en ceste province,
» dont nous lui avons accordé acte. »

Voici les noms de ceux qui suivirent l'exemple de ce
Miette, sieur de Croucy (69), suivant l'acte du 17 du
même mois et an : Raoul Jagault, Gilles [*Le*] Crosnier,
Ponthus de Clerambault, François Martin, Louis Perier,
Richard Le Laisant, Pierre Morain, Jean Deslandes, Jean
Denys, Noel Bernard, Pierre Bellamy, Jean Le Capelain,
Pierre Le Vair, Mathurin Le Chipel, Marin Le Blanc,
Israel et Nicolle dits Le Tellier, Pierre Le Nouvel,
Guillaume Gomesdan, Pierre et Thomas Le Maistre,
François Vasse, Robert Cancelenal, Pierre Le Crosnier,
Jean Tanqueray, Gilles Surville, et Julian Dubois (70).

En une autre partie de ce registre nous trouvons
premièrement pour titre : « Registre de ceux qui ont
» quitté la religion nouvelle pretendüe reformée pour
» retourner au giron de l'eglise catholique, apostolique
» et romaine, suivant l'edict du Roy publié en ceste
» ville de Saint-Lo le 13 novembre 1585 :

» Le 17e dud. mois et an, devant nous etc., se sont
» presentés Nicolas, Guillaume et Jean Capelle, de la
» parroisse Notre-Dame de Saint-Lo, lesquels ont declaré
» qu'ils se retirent et se desistent de la profession qu'ils
» ont cy devant faicte de la religion pretendüe reformée,
» declarans qu'ils veulent et entendent à l'advenir vivre
» en la religion catholique, apostolique et romaine, sui-

» vant l'edict du Roy; dont lesd. Capelle ont presté ser-
» ment devant nous, sur quoy nous leur avons accordé
» le present acte, etc. »

Chacun de ces articles contient ordinairement la
déclaration de plusieurs personnes, et est signé de chacun des abjurants, du juge et du greffier. Nous ne rapporterons point ici les noms de ces abjurants, parce
qu'il y en a trop grand nombre, et qu'il y en a très-peu
dont la postérité me paroisse distinguée en nos jours.
Je nommerai seulement de ce nombre M⁰ Pierre Le
Soudain, monnoyer, bourgeois de Saint-Lo, administrateur de la Maison-Dieu de Saint-Lo, son hugueno-
tisme ne l'empêchant point d'avoir cette charge.—Il y a
en l'article du 21ᵉ du même mois un nommé Jean Rogier, écuyer ; et en celui du 22ᵉ les nommés Eustache
Gosselin, écuyer, sieur de la Fontaine ; Jean du Chastel,
écuyer, sieur du lieu ; noble homme Gilles de Béchevel,
sieur de la Gourie ; Pierre de Caumont, écuyer, de la
paroisse de Gourfaleur ; Gilles de Baudre, écuyer, sieur
du lieu, de la paroisse du Mesnil-Rouxelin ; Gilles
Gaultier, écuyer, sieur du Jardin, de la paroisse de
Gourfaleur ; Gilles d'Outresoulle, écuyer, sieur de la
Jouaisière, de la paroisse de Quibou ; et c'est ce que j'y
trouve de gentilshommes.

Voici encore un exemple de la dernière manière de
procéder en cette exécution de l'édit :

« Du jeudy 3ᵉ juillet, au greffe du bailliage de Saint-
» Lo, l'an 1586, s'est presenté M⁰ Jean Fauchon, sieur
» de la Hautefolie, lequel aprez nous avoir fait apparoir

» comme il auroit fait profession de foy par devant l'offi-
» cial de Constances au siege de Saint-Lo, le 23e jan-
» vier dernier passé, a promis de n'aider ny [*favoriser*],
» en sa personne, biens et moyens, ceux qui portent
» les armes contre la Majesté du Roy, notre sire; ains
» veut et entend vivre selon les edicts et ordonnances
» comme bon et loyal subject ; ce qu'il a signé. »

Il y a encore plusieurs actes de cette sorte, dont la
plus grande partie sont passés devant Charles Le Painteur, écuyer, sieur de Boisjugan et des Cures, lieutenant en la vicomté de Saint-Lo de M. le bailli de
Cotentin ; et du nombre de ces représentant leur profession de foi et faisant serment de fidélité, je nommerai seulement noble homme Guillaume de Baudre,
écuyer, sieur du lieu ; le susdit Gilles Gaultier, écuyer,
sieur du Jardin ; Gilles de Béchevel, écuyer, sieur de la
Gourie ; Ponthus Vimeu ou Vivien, écuyer, sieur de la
Seigneurie (71) ; dlle Marie de Saint-Gilles, [*veuve*] de
Jacques d'Outresoulle, écuyer ; Gilles d'Outresoulle,
écuyer ; Raoul Rogier, écuyer, sieur d[es] Bois ; Me
Guillaume Coüespel, docteur en médecine ; sans parler
de plusieurs autres.

Au reste, cet édit ne fut pas d'une grande utilité : on
voyoit bien que le Roi ne l'avoit fait que par politique
et pour plaire à ses plus grands ennemis, les Ligueurs.
Le roi de Navarre s'en irrita, et protesta de s'en venger
rigoureusement contre ceux qui oseroient l'exécuter :
ce fut occasion à ce prince et à ceux de son parti de
reprendre les armes ; c'est ce qui fit appréhender pour

Saint-Lo. M. d'O, un des favoris et un des plus intimes conseillers du Roi, fut d'avis qu'on le démantelât, afin d'ôter par ce moyen aux Huguenots et aux autres ennemis de la tranquillité publique l'envie de s'en saisir, [de] s'y fortifier et d'y porter ainsi une nouvelle guerre. Cette pensée alarma le gouverneur et les bourgeois, qui s'y opposèrent de toutes leurs forces, et firent si bien que M. de Longaunay en ayant écrit au Roi, il en reçut la satisfaction qu'ils en pouvoient espérer ; et on songea plutôt à le fortifier qu'à le démanteler. Voici des lettres, dont les originaux sont conservés au greffe de la Maison-de-Ville, qui font preuve de ce que je dis ; la première est de M. de Bonfossé, gouverneur de Saint-Lo, aux échevins :

« Messieurs, je vous envoye les lettres que le greffier
» Dupin m'a escrites afin que vous les voyez ; je vous
» prie de luy envoyer par la première occasion les cop-
» pies de l'ordonnance du demantelement et de la deli-
» beration du differement fait en la Maison de Ville
» presence de Monsʳ de Longaunay, ensemble le refus
» que font MM. les Gens des Comptes. Je me delibere
» d'escrire à M. De pour sçavoir d'où luy vient ceste
» mauvaise volonté d'avoir dit qu'il valoit mieux conti-
» nuer le demantelement que la reedification, etc. » —
Il n'y a point de date à cette lettre, mais seulement :
« A Bonfossé ce mardy matin. BONFOSSÉ. »

En voici une autre de M. de Longaunay, du mois de novembre 1585, sur le même sujet, aux mêmes échevins :

« Messieurs, j'ay receu une lettre du Roy, du 18 du
» present, par laquelle il me mande qu'il me sçait bon
» gré d'avoir differé le demantelement de votre ville,
» et que pour la seureté d'icelle j'envoye la compagnie
» du capitaine Bustide. Cependant prenez vous seure-
» ment garde qu'il n'arrive inconvenient à votre ville.
» Le 28 novembre 1585.

» LONGAUNAY. »

Cette même année, Henri de Bourbon, prince de
Condé, fils de Louis qui avoit été tué à Jarnac, ayant
pensé prendre Brouage et Angers en même temps, et
ayant été honteusement frustré de l'un et de l'autre,
et contraint de s'enfuir déguisé, passa par notre ville
pour se retirer aux îles de Guernesey, et eut quelques
conférences secrètes avec les chefs des Huguenots.
On le sut par après et on en fut alarmé; on en donna
avis à M. de Longaunay, et lui à nos échevins par cette
lettre :

« Messieurs, je vous ay par cy devant advertys du bruit
» de guerre qui court, et encore tout à ceste heure ay
» eu advertissement comme quelques uns se veulent
» remuer en ce pays cy et qu'il y a entreprise sur
» votre ville. Pourquoy aussitost ces lettres receues ne
» faillez de vous assembler tout le corps de ville pour
» regarder aux affaires et estre si vigilans à votre
» garde qu'il n'en arrive aucun inconvenient pour le
» service du Roy.

» A Dampierre le 16e janvier 1586. »

On ne crut pas que la ville fût en sûreté sous la seule
garde des bourgeois ; on ordonna des détachements des
paroisses circonvoisines, afin de renforcer cette garde ;
mais nonobstant toutes ces précautions, la garde étoit
mal faite, les bourgeois et les détachés refusoient d'o-
béir au sieur de Mathan, que M. de Longaunay leur
avoit donné pour commandant : Il s'en plaignit par une
lettre qu'il écrivit aux maire et échevins le 17 octobre,
et leur ordonna de prêter nouveau serment de fidélité
entre ses mains, leur enjoignant d'en faire un *Mémoire*
exact et [*de*] le lui envoyer, ajoutant qu'à l'égard des
religionnaires, il vouloit qu'ils fissent monter la garde
en leur place par des catholiques qu'ils paieroient
pour cela, et que ledit sieur de Mathan choisiroit.

J'ai encore vu une copie, imparfaite à la vérité et où
la date est rompue, d'une espèce de requête présentée
au même M. de Longaunay, au sujet de cette même
garde ; mais par laquelle, telle qu'elle est, on peut encore
connoître l'état de la ville au temps dont nous parlons.
Les bourgeois le supplioient qu'ils ne fussent point
assujettis à la nourriture des gens du plat pays qui faisoient la garde de leur ville, attendu leur pauvreté, qui
« est », disent-ils, « tellement notoire qu'ils n'ont
» besoin d'en faire plus particulière mention ; car vous
» sçavez [*que*] dempuis deux ans lesd. habitans ont esté
» continuellement affligés de la peste, de laquelle sont
» decedées les personnes les plus riches, et que lorsqu'ils
» devoient se resoudre de leurs pertes aux troubles
» passés, ils ont esté derechef accablés de lad. pestilente

» affliction qui du tout les empesche de fournir à lad.
» nourriture ; estans mesme lesd. habitans espars de çà
» et de là, bannis de leurs maisons et dechassés par lad.
» contagion qui les oblige de vivre les uns par emprunt
» et les autres à mandier. »

Saint-Lo avoit encore été affligé d'une autre perte : les pluies avoient été si continuelles et les eaux si grosses qu'elles avoient emporté partie du pont de Vire. On présenta requête au Roi, et ce prince accorda, pour le réparer, la moitié de leur taille ; et, comme on pressoit incessamment les maire et échevins de travailler aux réparations des murs de leur ville aussi bien que de leur pont, pour s'excuser de la lenteur avec laquelle on y agissoit, ils présentèrent requête à M. le duc de Joyeuse, alors gouverneur de la province, tendant à l'examen de leur compte, aux fins de lui faire connoître en quoi leurs deniers avoient été employés, et combien ils étoient hors d'état de pouvoir continuer ces réparations (72). Ils en présentèrent une seconde à M. de Longaunay, par laquelle ils lui remontroient entre autres choses que, dans les prises et reprises de leur ville, il y avoit eu plus de deux cents pas de leurs fortifications démolies : ils furent renvoyés au Conseil, et rien ne se fit pour lors.

Tout étoit en feu dans le royaume entre les Ligueurs et les Huguenots : le roi de Navarre faisoit la guerre en Guyenne, et le duc de Guise, à la tête d'une armée de ses partisans, s'opposoit en Lorraine, en Bourgogne et aux environs, à une armée d'Allemands qui venoient au secours des Huguenots. Le Roi voyoit bien que de quelque côté que tournât la balance, ce seroit toujours à son désavantage ; il tâchoit donc de toutes ses forces à finir ces malheurs ; mais encore une fois les voies douces et prudentes qu'il prenoit pour éviter [d] la ruine de ses sujets et à l'effusion du sang humain, n'étoient point de saison. Les Ligueurs faisoient passer les manières sages pour lâcheté, et rendoient ainsi toutes ses négociations inutiles.

Notre basse province fut sans guerre, mais non pas sans alarmes : on eut avis que le jeune Colombières, fils de celui dont nous avons parlé, levoit secrètement des troupes, et l'on eut peur pour Saint-Lo. M. de Longaunay en écrivit à M. de Bonfossé et aux bourgeois de notre ville.

« J'ay receu hier le soir, » dit-il au premier, « des » nouvelles qui sera occasion que ce soir je seray à » coucher à Saint-Lo, auquel lieu je vous prie que je » vous trouve pour vous les faire entendre et adviser à ce » qui est besoin pour le service du Roy.... » ; et il ordonnoit aux autres de recevoir le capitaine Bidon et sa compagnie qui y étoit envoyée en garnison par le commandement de M. de Joyeuse. Il ordonna par un mandement particulier du mois d'octobre 1587, de bailler 20 livres au poudrier, et encore [par] un autre de fournir pareille somme au salpêtrier.

Ces précautions furent inutiles pour Saint-Lo ; il n'y eut point de guerre : les troupes que Colombières avoit levées furent conduites par lui-même au roi de Navarro, et servirent à ce roi à défaire à Coutras l'armée catholique commandée par le duc de Joyeuse, qui y fut tué le 20 octobre 1587 (73).

L'an 1588 est celui que Jean de Royaumont, astrologue de Franconie (74), avoit prédit devoir être l'an[née climatérique de la France, en laquelle presque tout le royaume se ligua contre son roi. Les Parisiens conduits par le duc de Guise, à qui le Roi avoit mal à propos pardonné, se barricadèrent contre Sa Majesté, et l'obligèrent de s'enfuir de leur ville ; et, quelque temps après, ce monarque ayant convoqué les États à Blois, ce duc et son frère, le cardinal de Lorraine, [y] furent tués, et enfin la Reine-mère mourut (75).

La division fut telle par tout le royaume qu'elle descendit non seulement dans les villes et dans les provinces, mais même dans les familles, dans lesquelles il arrivoit souvent qu'on en venoit aux mains. La ville de Saint-Lo, en ces malheureuses conjonctures, demeura toujours fidèle à son roi, quoique MM. de Longaunay et de Bonfossé crussent bonnement être de leur devoir de vrais catholiques de s'opposer à un roi qu'on publioit favoriser les hérétiques, et qu'on disoit avoir été excommunié du Pape.

François de Bourbon, duc de Montpensier, étoit gouverneur de Normandie ; il avoit succédé à M. le duc d'Epernon. Ce prince voulut bien témoigner aux habitants de Saint-Lo la satisfaction qu'il avoit de leur fidélité et de leur constance au service du Roi contre les Ligueurs, s'étant jetés pour ce sujet entre les bras et

sous la protection du comte de Thorigny et [du] marquis de Canisy, fidèles serviteurs du Roi. On verra
mieux ceci par la lettre du prince aux maire et échevins
de Saint-Lo, que par ce que nous en pourrions dire.

· « Messieurs, » leur écrit-il, « j'ay esté bien aise d'a-
» voir sçeu le bon devoir dont avez usé envers la garde
» et fidelle conservation de votre ville en l'obeissance
» du Roy, mon seigneur, avec l'aide de M. le comte de
» Thorigny et du sieur de Canisy, son beau-frere, pour
» lever les suspicions et divisions qui s'estoient formées,
» comme l'on m'a dit, en votre ville, dont j'advertiray
» Sa Majesté pour vous en gratifier; et cependant sur
» l'asseurance que j'ay sur votre zele et affection,
» et sçachant que lesd. s^{rs} comte de Thorigny et
» Canisy ont la conservation de votre ville en recom-
» mandation, pour en estre Monsr le Mareschal de
» Matignon le seigneur baron, je vous prie de vouloir
» continuer en ceste fidellité et vous contenir en l'obeis-
» sance de Sa Majesté à ce qu'il n'arrive aucune sur-
» prise en ceste ville, dont vous devez vous donner
» garde plus que jamais, vous estant besoin à cet effect
» d'y faire une si bonne et curieuse garde jour et nuict,
» qu'il n'en puisse arriver inconvenient. En estimant
» que vous pourrez bien eviter ceste faute, je prieray
» Dieu, Messieurs, qu'il vous tienne en sa sainte et
» [digne] garde. A Caen le 20e may 1589.

» Votre bon amy

« FRANÇOIS DE BOURBON. »

Ce bon devoir d'être demourés fermes au service du Roi et de ne s'être point laissé piper aux Ligueurs, est dû particulièrement aux soins de Jean Duchemin, écuyer, sieur de la Haulle; Michel Le Meunicier, écuyer, sieur de Martigny; Charles Le Painteur, écuyer, sieur de Boisjugan; Jacques de Sainte-Marie, écuyer, sieur d'Agneaux; Jean Dubois, procureur du Roi au bailliage de Saint-Lo, et divers autres. Le premier que nous venons de nommer fut toujours en butte aux Ligueurs, deux fois enlevé par eux et fait prisonnier; et, en outre la perte de tous ses meubles, il lui coûta 7000 livres pour ses rançons.

Dans ces dépositions dont nous avons déjà parlé, nous lisons ce qui suit : « Depose led. Perrette Leroi
» qu'elle se souvient bien que l'on disoit que led. sr de
» la Haulle, fils dud. sr du Feron, avoit esté vendu au sr
» de Dampierre qui tenoit fort dans le chasteau de
» Neuilly-l'Evesque, lequel vint la nuit dans un bateau
» avec plusieurs soldats le long de la riviere jusqu'à la
» maison de la Haulle, petarderent et enfoncerent les
» portes, prirent led. sr de la Haulle, et luy en cousta
» mille escus pour sa rançon; et aussitost qu'on [en] eut
» donné advis au comte de Thorigny, il assiegea et prist
» led. chasteau de Neuilly... Un an ou deux aprez, il fut
» encore pris prisonnier sur le pont Hebert, et conduit à
» Fougeres; et luy cousta ceste fois 4000 livres (76). »

Un nommé Jean Thouaye, dans cette même information, déposa qu'un capitaine nommé *de Lestre* accompagnoit M. de Dampierre à cette prise, et qu'un autre, nommé *la Bassonnière*, le gardoit : Gilles Rouxelin et Nicolas Tanqueray, autres déposants, marquent cette première prise du sieur de la Haulle l'an 1590.

Peu de temps après la lettre du duc de Montpensier aux habitants de Saint-Lo, c'est-à-dire le premier jour d'août 1589, arriva le détestable parricide de frère Jacques Clément, moine jacobin, qui, poussé par l'enfer et par les abominables conseils de quelques Ligueurs, assassina le Roi à Saint-Cloud où il mourut le lendemain. Henri de Bourbon, roi de Navarre, comme premier prince du sang, devoit lui succéder, et lui succéda en effet ; mais comme il étoit protestant, chef des Protestants, et avoit porté les armes contre les Catholiques, les uns par passion, les autres par scrupule, refusoient de le reconnoître. Les journées d'Arques et d'Ivry décidèrent en sa faveur. Je dois particulièrement remarquer celle-ci, qui arriva le 14e mars de l'an 1590, puisque le seigneur [*de Longaunay*,] marquis de Dampierre, dont nous avons tant parlé, y fut tué à l'âge de 80 ans ; d'où nous devons apprendre que le seigneur de Longaunay-Dampierre qui tenoit fort à Neuilly et en fut chassé en 1592, étoit le fils de ce lieutenant de Roi.

Les désordres en nos cantons augmentoient tous les jours : aussi le comte de Thorigny et le marquis de Canisy étoient continuellement sous les armes pour en arrêter le cours, mais presque inutilement. Ce n'étoient partout qu'affronts, brigandages et assassinats. Lorsqu'on en vouloit à quelqu'un, ou qu'on croyoit qu'il avoit de l'argent, on lui faisoit accroire qu'il étoit de parti contraire, et le pilloit-on sans rémission. Sont renommés pour ce sujet en nos cantons les sieurs de Villarmois-de Launcy, du Tourp-de la Cour, d'Aubigny-Campion, [de] Bonfossé-Gourfaleur, de Saint-Gilles, de Semilly-Mathan, et plusieurs autres (77).

Ces guerres continuelles obligèrent le Roi de demander du secours à la reine d'Angleterre contre les Espagnols et les Italiens que les Ligueurs avoient fait entrer dans le royaume. Le secours descendit à Granville, et M. de la Haulle-Duchemin fut encore choisi par le Roi pour les aller recevoir et les conduire où seroit Sa Majesté, comme le témoignent ces dépositions tant de fois citées.

Ce même M. de la Haulle ayant été établi gouverneur de Saint-Lo, il fut alors résolu d'achever tout de bon les fortifications de Saint-Lo, lesquelles étoient demeurées très-imparfaites jusqu'alors, et de les achever selon qu'elles avoient été ordonnées et commencées par le maréchal de Matignon, ainsi que nous l'avons dit. On acheta des paroissiens de Saint-Thomas les matériaux de leur église, qui, comme nous avons dit, étant placée sur ce qu'on appelle *les Champs Saint-Thomas*, faisoit face à la citadelle et la dominoit, et laquelle pour cette raison, dès les commencements des guerres civiles, on avoit trouvé à propos de détruire. On les acheta par un prix considérable qu'on dit encore à payer ; j'en ai vu *le billet ;* mais MM. les intéressés savent user de prescription.

Cependant la conversion du Roi à la religion de ses ancêtres donna enfin la paix au royaume. Après Dieu, on doit cette conversion 1° aux exhortations continuelles de ses véritables serviteurs ; 2° à la conférence de Suresne ; 3° aux secrètes menaces de ceux qu'on appeloit du *Tiers-Parti* ; 4° et aux savantes instructions d'un des enfants de notre ville de Saint-Lo, l'incomparable Messire Jacques Davy du Perron, désigné évêque d'Evreux, qui depuis a été si célèbre sous le nom de *cardinal du Perron*. C'est aussi lui qui fut envoyé à Rome pour réconcilier tout-à-fait le monarque avec l'Eglise, et qui, conjointement avec M. d'Ossat, qui fut bientôt après *cardinal*, consomma cette grande affaire.

La paix ayant été rendue au royaume, le Roi jugea à propos de déclarer la guerre aux Espagnols : elle ne réussit pas bien. Amiens ayant été pris, notre monarque eut besoin d'argent : la ville de Saint-Lo fut obligée de lever en dix jours 600 écus, ainsi qu'il paroît par trois actes que nous avons vus et qu'on conserve en la Maison-de-Ville.

En 1598 fut, en faveur des Huguenots, fait et publié ce fameux édit appelé l'*Edit de Nantes*, en vertu duquel ces hérétiques bâtirent publiquement leur temple à Saint-Lo, proche le carrefour de l'Hôtel-Dieu, proche *la Neuve-Rue* ; lequel de nos jours, c'est-à-dire [*en*] 1685, nous avons vu détruire, après la révocation de cet édit faite par notre monarque Louis-le-Grand, petit-fils de Henri-le-Grand (78). Nous avons vu les registres des baptêmes, mariages et inhumations faits

par les ministres de cette religion depuis ce temps-là,
lesquels sont conservés chez un bourgeois nommé *Les
Mares-Dupin :* le premier est de 1599, qui est l'année
en laquelle cet édit fut publié ; et nous y avons remarqué les noms des ministres De la Faye, Boudier qui se
d it *écuyer,* et Soler, le fils apparemment de celui qui
avoit apporté l'hérésie en notre ville (79).

Il y avoit en ce temps-là, à Saint-Lo, un excellent
homme et d'un rare mérite nommé *M° Jean Dubois,*
procureur du Roi en ce bailliage. Il avoit cette charge
avant l'an 1585, auquel nous le trouvons avec cette
qualité dans ces registres que nous venons de citer,
touchant les abjurations des hérésies, suivant l'édit de
Henri III, de quoi ce magistrat faisoit la poursuite. Feu
M. de Saint-Martin (80), docteur de Rome, protonotaire
apostolique, et si fameux à Caen par ses ouvrages pu-
blics de toutes les façons, à qui M. Dubois avoit donné
le nom, en a écrit la vie et les éloges dans un petit livre
imprimé ; et feu M. de la Haulle en parle avec admi-
ration, dans son élégie, en ces termes (a) :

> O quem te memorem, Sylvi ! qui, cælibe vita,
> Sed, pater ut patriæ, regia dona dabas,

___

(a) VAR. Il y avoit en ce temps-là, à Saint-Lo, un excellent homme
nommé *M° Jean Dubois,* procureur du Roi en ce bailliage, dont la
mémoire sera éternelle et en bénédiction dans tout le pays; on ne
sauroit nombrer les bienfaits dont il a comblé cette ville. M. de la
Haulle [*en parle*] avec justice, comme de chose incroyable.

Omniaque ad cultumque Dei, populique salutem
Subsidia, ad miseras contulerasque domos.
Quodque fidem superat privato in cive, superstes
Millia nummorum plusque trecenta dedit.
O decus ! O urbis columen ! per sæcula vives,
Donec erunt Musæ, Templa, misellus inops.

[M. Ybert n'en dit que le peu qui suit :

Teque fori, Sylvane, decus, quo nullus in urbe
Regius ante fuit curator amantior æqui,
Mitto, licet magnis tua munificentia donis
Prodigiosa fidem superet, qua tutus ab omni
Nominis interitu moreris, victurus in ævum.

En effet, les bienfaits de ce grand homme envers la
ville de Saint-Lo, sa patrie, sont si extraordinaires et si
éminents que le souvenir en doit être immortel.]

Voici quelques-uns de ces grands bienfaits [je dis
quelques-uns, puisque je sais qu'il m'est impossible de
les marquer tous] :

1° Par contrat du 14 février 1599, passé devant Jean
Larose et Jean Baudet, tabellions à Saint-Lo, ledit
Mᵉ Jean Dubois donna aux bourzeois et habitants dudit
lieu, aux curé et paroissiens de Notre-Dame, la somme
de 200 livres de rente pour être employée avec autres
100 livres de rente qu'il leur avoit ci-devant données,
suivant l'acte passé devant lesdits tabellions le 25 janvier
1598, et ce pour être employées « au payement des
« gaiges et sallaire des precepteurs qui seront appelés
« à l'instruction la jeunesse de lad. ville en la

» cognoissance des bonnes lettres, amour de vertu,
» soubs la crainte de Dieu, foy et religion catholique,
» apostolique et romaine; » et en cas que lesdits bourgeois divertissent ladite rente de 300 livres en d'autres
usages, ledit sieur Dubois les donne au profit des curé
et paroissiens, pour être ladite somme par eux distri-
buée à trois pauvres enfants de ladite ville, qui auroient
aptitude à l'étude, « pour aller étudier [*en l'Université*
» *de*] Paris, [*ou autre plus celebre, l'espace de six ans.*]»

2° Par autre contrat passé devant Richard Planchon et
ledit Jean Baudet, tabellions, le 12 février 1602, ledit
sieur Dubois donna derechef auxdits bourgeois la somme
de 300 livres de rente pour, avec les susdites autres
300 livres de rente, être aussi employées à l'instruction
de la jeunesse ; et est encore stipulé en ce contrat qu'en
cas que lesdits bourgeois voulussent divertir ladite rente
à autre usage, ledit sieur Dubois la donne à quatre
pauvres enfants de ladite église Notre-Dame, pour aller
étudier en l'Université de Paris, l'espace de six ans.

3° Par autre contrat passé devant lesdits tabellions
de Saint-Lo, le 30° mars 1613, il donna 700 livres de
rente, tant pour le prédicateur de l'Avent et du *Carême*, que pour six pauvres garçons et six pauvres filles,
pour leur faire apprendre un métier.

4° Par autre acte du 8 décembre 1614, le même
sieur Dubois donne aux Jésuites de Caen 800 livres de
rente, pour nourrir et entretenir deux pauvres garçons
de ladite ville de Saint-Lo, lesquels seront choisis par
lesdits Jésuites « du nombre de six qui leur seront pre-

» sentés par le Juge bailly » de Saint-Lo, « procureur
» du Roy, deux eschevins, et deux proches parents du-
» dit sieur donateur » ; lesquelsdits écoliers seront nour-
ris et instruits par lesdits Jésuites l'espace de sept ans.

5° Par un autre contrat passé le 28 avril 1634,
devant Jacques Girard et Michel Dufresne, tabellions
audit Saint-Lo, ledit sieur Dubois donna aux Religieux
Pénitents qu'il avoit établis audit lieu, 1200 livres de
rente, à la charge de prêcher la parole de Dieu au
peuple, de visiter et consoler les malades et prisonniers,
d'enseigner une fois la semaine la doctrine chrétienne
dans leur église aux petits-enfants, de célébrer trois fois
par an l'office des morts, et dire une fois par an la
messe pour ceux qui auront été condamnés à mort en
cette ville (81).

Il y a un million d'autres monuments de la libéralité
et de la munificence de ce rare magistrat (82) ; nous en
toucherons encore quelques-uns ci-après : nous devons
auparavant parler de cet établissement de ces Religieux
Pénitents. Il leur donna premièrement le lieu où ils
sont, avec tout leur bel enclos ; il fit à ses frais bâtir
leur couvent, leurs maisons et la plus grande part de
leur cloître et leur église.

Messire Charles de Matignon, et Madame la princesse
Eléonore d'Orléans, son épouse, et leurs enfants, Léonor de Matignon, évêque de Coutances, et le seigneur
comte de Thorigny, son frère, [en] posèrent la première
pierre, après qu'elle eut été bénite par un religieux de
cet ordre des Pénitents, nommé chez eux le Père

Orones, qu'ils disent avoir été cinq ans leur provincial, suivant la commission qui lui en avoit été adressée par les Grands-Vicaires de notre même prélat, [*Léonor*] de Matignon, datée du 7 août 1630. Voici ce qui est gravé sur cette pierre :

DEO OPTIMO MAXIMO,
VIRGINIQUE DEIPARÆ,
IN HONOREM SERAPHICI PATRIS FRANCISCI,
ATQUE IN GRATIAM FRATRUM POENITENTIUM
TERTII ORDINIS EJUSDEM,
PRIMARIUM HUJUS TEMPLI LAPIDEM POSUIT
ILLUSTRISSIMUS DOMINUS CAROLUS DE MATIGNON,
COMES DE THORIGNY,
UTRIUSQUE ORDINIS EQUES TORQUATUS,
AB UTRISQUE REGIS CONSILIIS,
CENTUM EQUITUM SCUTARIORUM DUX,
ATQUE IN NEUSTRIA A SUA MAJESTATE PRÆPOSITUS GENERALIS,
UNA CUM SERENISSIMA PRINCIPE ELEONORA D'ORLEANS,
CONJUGE,
AC ILLUSTRISSIMIS DOMINIS,
DOMINO ELEONORIO DE MATIGNON,
CONSTANTIENSI ANTISTITE,
ET DOMINO CAROLO DE MATIGNON,
COMITE DE THORIGNY,
FILIIS,
ANNO DOMINI 1630, DECIMO AUGUSTI,
URBANO VIII PONTIFICE MAXIMO,
LUDOVICO XIII FRANCIÆ ET NAVARRÆ
REGE CHRISTIANISSIMO.

On bénit encore une seconde pierre qui fut posée par les maire et échevins de Saint-Lo, au nom de toute la ville.

Cette église fut seulement dédiée en 1654, [le] 22 novembre, sous l'invocation du *séraphique* saint François, comme ils disent, par feu M. Auvry, évêque de Coutances. M. Ybert en parle ainsi :

Haud procul, ad montis clivum, qua ducit in urbem
Semita, surgit opus tectis utroque superbum,
Digna Deo multis ædes mansura diebus :
Auspice Francisco, pietati prima, Joannes,
Debentur, Sylvane, tuæ fundamina, tantis
Muneribus cumulata, tuos ut marmor in ævum
Suppositos cineres signatum carmine claro
Contegat, et superis, veluti sacra pignora, servet.

Nous avons cité les contrats par lesquels M. Dubois donnoit 200 écus de rente pour l'entretien des précepteurs qui enseignoient la jeunesse de la ville. Il crut justement que la fondation d'un collége, sous l'autorité et la permission du Roi, seroit plus légitime et permanente : c'est à quoi il travailla. Nous avons copie de l'édit de création de ce collége ; il est du mois de décembre 1609, signé HENRY, et sur le repli DE LOMENIE (83). Sa Majesté sur la requête « des Maire, officiers, eschevins, » bourgeois et habitans de S^t Lo », remontrant que quoiqu'icelle « soit une des principalles, plus anciennes et la » trois^me de » la « Province, scituée en fort bon pais et de » commode logement, il n'y » avoit « eu neantmoings jus- » ques icy aucun college pour l'instruction de la jeunesse » d'icelle aux bonnes lettres et sciences, qui est commo » ung deffault à ladicte ville pour l'incommodité [que » reçoivent aucunes familles] d'envoyer leurs enffens à

» grandz fraiz » aux autres villes ; « pour lequel reparer
» et [d'aultant] decorer [lad⁺] ville, et [pour] retirer
» leurs enffens de l'oysiveté [en laquelle ils les voient
» plongez], ils desireroient d'y en establir un, [se pro-
» mettans d'estre en cela secourus tant] par aucuns des
» officiers et habittans d[*icelle*] ville, à l'exemple de
» ceulx qui desja ont destiné et afferté à ce bon œuvre
» quelques rentes, que par les habittans » des cantons
voisins ; à quoi le Roi ayant égard, « et voullant gratif-
» fier et favorablement traicter » les supplians « en chose
» si louable », comme tendant au bien de ses « subjects,
» lesquels par ce moïen » se rendroient « plus cappables
» de » son service , leur permet « de construire et de
» bastir ung college en » leur « ville ou faulxbourgs, au
» lieu le plus propre et commode qu'ils adviseront » bien,
« en paiant et recompensant les proprietaires de gré à
» gré » ; auquel collége il y auroit « quatre regentz,
» dont le premier » feroit « la function de principal »,
gens de qualité et capacité suffisante pour instruire « les
» enffens tant de lad⁰ ville que des environs » ; lesquels
y feroient « la function necessaire aux classes, forme et
» regles qu'il sera advisé, et tout ainsy qu'il se faict aux
» autres colleges de mesme quallité » ; lesquels principal et régents seroient « [*choisis*], nommés et appointez
» de telz gaiges et appointements que lesd. maire,
» officiers, eschevins, [*bourgeois*] et habittans » advi-
seroient conformiément aux ordonnances royaux. Lesquelsdits maire, eschevins, etc., arrivant vacation de
charges, y pourvoiront, ainsi qu'aux autres choses, de

gré à gré entre eux, tant sur les donations faites qu'a faire à l'avenir, leur permettant de les recevoir et en disposer pour ledit collége « ainsy qu'ils adviseront » pour le mieulx. »

Ce collége fut établi dans les maisons de l'Hôtel-Dieu, lesquelles étoient demeurées désertes depuis les guerres pour la religion ; mais les régents en ont été chassés depuis, et cette maison derechef destinée pour les pauvres. Chacun des régents tient sa classe où il lui plaît, les maire et échevins ne leur ayant point encore donné de lieu fixe, pour les assembler et faire un collége réglé (84).

[M. Ybert, qui autrefois étoit le second de ces régents, en dit :

Omnibus his tamen accedunt graviore canenda
Carmine ; divino Phœbi Sanlaudus honore
Castalidumque choro celebri dignata sororum ,
Quæ passim ad sacros latices Heliconis alumnos
Sollicitant juvenes, modulis resonante palæstra,
Hinc decus, hinc lumen patriæ, hinc et nescia fati
Semina virtutis. Verum cum nuper ad umbram
Arboris, hos mecum versus meditando, sederem,
Fallor, an audierim mœstas ululare sorores,
Pluraque durentes tenero suspiria fletu
Volvere mœrenti tacitos in pectore questus,
Sollicitaque, puto, meditari mente recessum
Ad juga sacra, sui memores Heliconis amœnt,
Quod sibi jamdudum hinc illinc migrantibus ædes
Omnibus incertæ fuerint, nec detur in urbe
Figere mansuras sedes, nec Apollinis ulla
Cura sit, heu pietas ! dejecta reponere templa'.

Un autre avantage que procura M. Dubois à la ville de Saint-Lo, fut de lui faire avoir pour curé Messire Nicolas Bourgoing, 72ᵉ évêque de Coutances. Il étoit de Paris, docteur de Navarre, savant et distingué par la science des controverses, à quoi les beaux-esprits de ce temps-là s'étudioient particulièrement : il étoit devenu par cette qualité *Théologal* de Saint-Malo ; et, comme M. Dubois souhaitoit pour sa patrie un pasteur de ce genre, sitôt qu'il le connut, il s'appliqua à le lui procurer. Il fit tant qu'il l'engagea à permuter sa *Théologale* de Saint-Malo contre celle de Coutances, d'où venant souvent à Saint-Lo, il y fit, en plusieurs conférences qu'il y fit avec les ministres, connoître sa suffisance et son mérite, de manière que le curé de Notre-Dame venant à mourir, il lui fit donner la cure avec dispense pour la posséder conjointement avec sa *Théologale*. Il la posséda avec applaudissement jusqu'à l'an 1622, auquel s'agissant de donner un successeur à Messire Nicolas de Briroy, mort dès le 22 mars 1620, et Léonor de Matignon, abbé de Lessay et de Thorigny, n'étant âgé que de 16 ans lors de cette mort, on choisit M. Bourgoing pour être évêque de Coutances, en attendant que ce jeune seigneur fût en âge de pouvoir être promu à cette dignité ; lequel fut sacré à Paris, dans l'église des Mathurins, le 9 juillet 1623, et en jouit jusqu'au 19ᵉ jour d'avril 1625, auquel il mourut (a).

(a) VAR. Nous parlerons ailleurs de Messire Nicolas Bourgoing, puisqu'il a été notre évêque de Coutances. Il étoit *Théologal* de Saint-

L'an 1624, les paroissiens de Saint-Thomas ayant résolu de se rebâtir une église (*), et choisi pour cela, [au] faubourg [de] Torteron, sur le bord de ce ruisseau, le lieu où nous la voyons, elle fut commencée le mercredi 8ᵉ jour de mai audit an; et la première pierre fut posée par haute et puissante princesse Madame Eléonore d'Orléans, épouse de Messire Charles de Matignon, comte de Thorigny, baron de Saint-Lô, etc. Cette pierre fut bénite par frère Michel Vauthier, prieur de l'abbaye de Saint-Lo et curé de Sainte-Croix, et le sermon fait par Mᵉ Jean de Lecluze, curé de Notre-Dame-de-Saint-Lo, lequel avoit succédé à M. Bourgoing.

Le jour Toussaint, 1ᵉʳ novembre 1630, on dit la première messe en cette église. Ce fut frère Guillaume

Malo, et renommé pour sa science aux controverses : M. Dubois n'épargna ni peines ni frais pour lui faire permuter cette *Théologale* à celle de Coutances, afin de le procurer pour curé à notre ville, une personne de sa capacité étant nécessaire à Saint-Lo, pour résister aux forfanteries des ministres huguenots et convaincre au moins les plus entêtés.

(*) Nota que, dans les archives de cette église de Saint-Thomas, il y avoit un acte contenant une plainte des paroissiens de cette paroisse contre les habitants de Saint-Lo, qui prenoient les restes de leur église pour faire les fortifications de leur ville : sur quoi M. de Longaunay, à qui cette requête étoit adressée, ordonna que lesdits habitants pourroient prendre lesdits matériaux, à condition qu'ils paieroient 3,000 livres ; ils en firent leur assurance à [la suite de] la requête qui a été dérobée depuis. (T. de B.)

de Varroc, curé de cette paroisse Saint-Thomas, [*qui la dit*] ; et il y fut prêché par frère Michel Le Monnier, religieux pénitent (85).

Par ordonnance du Roi l'on divisa, en 1636, la charge de lieutenant-général du bailli de Cotentin au siège de Saint-Lo ; et feu M. de la Haulle, Luc Duchemin, écuyer, fut créé, de cette façon, lieutenant-général alternatif avec feu M. de Martigny, Charles Le Mennicier, aussi écuyer.

Les déportements des Espagnols ayant obligé le Roi de leur déclarer la guerre, ils entrèrent en Picardie, se rendirent maîtres du Catelet, de la Capelle et de Corbie, petit avantage qui alarma le royaume, et encore plus Paris. Le Roi en écrivit aux maire et échevins de Saint-Lo ; voici une partie de sa lettre qui est manuscrite et conservée en son entier dans les archives de la Maison-de-Ville (86) :

« Chers et bien amez, depuis quelques jours les » ennemis de notre estat souverain [*entrez*] en notre pro- » vince de Picardie, y ont pris aucunes de nos places et » ont occupé le passage de Bray-sur-Somme, de sorte » que leur [*armée*] est à present au deçà de cette riviere. » Sur ceste occasion nous avons fait assembler en notre » presence nos Cours souveraines de notre bonne ville » de Paris, Corps de ville et communautés, qui ont » resolu de faire tous ensemble jusqu'à 20,000 hommes, » qu'ils entretiendront pour deux montres, etc. » Il expose et exhorte au surplus les habitants de Saint-Lo de suivre cet exemple, de contribuer et payer prompte-

ment ce à quoi ils devoient être cotisés pour ce sujet ;
et est signé LOUIS, et plus bas PHELYPEAUX , et
« Donné à Paris le six aoust 1636 » ; sur le dos est
écrit « A nos chers amez les Maire, eschevins et habi-
» tans de ma ville de Saint-Lo. »

L'an 1639, le jour de l'Ascension, 2 de juin, mourut
ce pieux et illustre M. Dubois, dont nous avons tant
parlé et dont on ne sauroit écrire ni dire trop de bien.
Il fut inhumé dans le *Sancta Sanctorum*, comme on
l'appelle, de l'église des Pénitents, vis-à-vis du milieu
de l'autel, sous un monument de pierre blanche sur
lequel on lit cette épitaphe :

HIC JACET PRÆCLARUS ILLE JOANNES DUBOIS
IN HAC URBE SANLAUDENSI CONSILIARIUS
ET PROCURATOR REGIUS,
HUJUS CONVENTUS FRATRUM PŒNITENTIUM
TERTII ORDINIS SANCTI FRANCISCI
FUNDATOR MERITISSIMUS,
QUI CUM SOBRIE, JUSTE ET PIE VIXISSET IN HOC SÆCULO,
EXPECTANS BEATAM SPEM ET ADVENTUM GLORIÆ MAGNI DEI,
TANDEM PLUSQUAM OCTOGENARIUS,
DIE SECUNDA JUNII,
ANNO SALUTIS HUMANÆ 1639,
IPSA DIE ET HORA QUA CHRISTUS IN COELOS ASCENDIT,
EXCESSIT E VITA
SPIRITUMQUE SUUM REDDIDIT AUCTORI.

SIT IN PACE LOCUS EJUS. Ps. 75.

Saint-Lo, jusqu'en 1639, avoit été membre de l'Election de Carentan : il plut au Roi [de] l'en détacher. Il y

eut un nouveau siège de cette Election établi à Saint-Lo,
en détachant une partie des paroisses qui avoient dé-
pendu tant du siége de Carentan que de Coutances et
[de] Bayeux. Cette Election subsista à Saint-Lo 24 ans ;
elle fut cassée en 1663, et les choses remises en l'état
qu'elles étoient avant 1639 ; et plus tard, en 1691,
suivant les avis donnés en Cour par M. Foucault, Inten-
dant de cette basse province, cette même juridiction ou
siége d'Election, fut rétablie à Saint-Lo, au grand sou-
lagement des paroisses voisines. Le principal de ceci
est extrait de l'édit de création d'Election à Saint-Lo de
l'an 1691 (87).

Nous ne remarquerons plus que trois ou quatre particularités que nous croyons dignes de mémoire.

Dans les troubles arrivés pendant la minorité de notre
Roi, les magistrats de Saint-Lo surent se gouverner
avec tant de prudence que, sans s'écarter aucunement
du devoir indispensable de la fidélité et de l'obéissance
envers la Majesté Royale, à quoi sont obligés les sujets,
ils eurent l'adresse de ne s'attirer point sur les bras
l'armée des Princes, ni de ne se faire point ennemi
M. de Matignon, leur seigneur, qui étoit dans les
intérêts de ces Princes.

J'ai ouï même attribuer le salut de cette ville, et aussi
d'une bonne partie de la province, à la sagesse d'un de
ses magistrats, feu M. de la Haulle-Duchemin. Ce gentilhomme étoit serviteur particulier de la maison de
Longueville, et conséquemment de celle de Matignon ;
mais comme il l'étoit encore plus du Roi par sa naissance

et par sa charge, [il] jugea qu'il étoit important d'empêcher l'union des troupes de ce Prince et de ce seigneur, lesquelles jointes auroient pu causer de grands
désordres et, peut-être, une révolte générale de la province. Pour donc amuser M. de Matignon, en lui donnant
un os à ronger, il lui proposa le siége de Valognes,
qui, ayant été suivi de la paix, empêcha mille partialités
qui naissoient de toutes parts jusque dans les familles
mêmes.

J'ai appris ce que je dis des plus sages et des plus
anciens de Saint-Lo, qui en ont conservé une mémoire
avantageuse à la renommée de ce magistrat. Le cardinal
Mazarin reconnut en lui ce bon service : il lui en écrivit une lettre qui se conserve encore dans les archives
de sa maison, et le créa *Conseiller d'État* en 1653 ; il
est porté nommément, dans la patente de cette création,
que c'est pour les bons et fidèles services rendus au
Roi pendant sa minorité.

Le Roi étant devenu majeur, il jugea à propos de
signaler [sa] majorité par le plus bel acte dont, à mon
avis, un prince chrétien pût se distinguer : ce fut par la
défense des duels. Il fut trouvé bon pour cela d'obliger
la Noblesse [de jurer] l'observation exacte de cette
ordonnance. Nous avons vu, dans les archives de la
maison du premier magistrat de cette ville, je veux dire
de la maison Duchemin, l'ordonnance de feu M. le duc
de Longueville, datée du 1er de janvier 1653, adressée
à *Laurent Duchemin*, écuyer, sieur de la Vaucelle,
frère de feu M. de la Haulle qui en ces temps-là

avoit été créé Conseiller d'Etat, pour faire prêter à la noblesse du Cotentin, entre ses mains, cette sorte de serment (88).

Je ne remarquerai plus que deux particularités qui sont de nos jours : la première est la translation des reliques de saint Lo, l'autre est le bâtiment de la pyramide de *la tour* [*de l'horloge*].

Nous avons remarqué ailleurs les pertes que souffrit en particulier l'église de Coutances et tout le Cotentin, à la venue et persécution des Normands infidèles, au IXe siècle. Cette église compte, entre ses grandes désolations, la perte de son très-illustre et saint évêque Lo : ses reliques furent partagées, afin que, si une partie eût le même sort des autres, il y en eût au moins quelque portion conservée. Il en demeura une partie cachée en la province, laquelle, la deuxième année après la conversion des Normands, fut transportée à Rouen et déposée en l'église Saint-Sauveur de cette ville, qui porte depuis le nom de ce saint évêque : une autre portion fut transportée à Angers, où elle est conservée avec grand respect et honneur dans une église collégiale de cette ville ; enfin une troisième et considérable partie fut portée en la ville et église cathédrale de Tulle, où ces saintes reliques sont et ont toujours été gardées en très-grande vénération.

Ce que je dis ici avoit été ignoré de tous les Cotentinois jusqu'à nos jours ; mais, en 1677, Messire Jacques de Matignon, évêque de Condom, passant par Tulle, le jour que l'on faisoit en cette ville une fête solennelle de cette sainte relique de saint Lo, et trouvant, [*par tous*] les renseignements possibles, que c'étoient celles du saint évêque de Coutances qui y avoient été transférées au IXᵉ siècle, comme en un lieu éloigné des incursions des infidèles, il fit tant auprès de Messire Jules Mascaron, alors évêque de Tulle, qu'il en obtint une partie. Ce furent trois os, la première vertèbre du col, que les anatomistes appellent l'*atlas*, et les deux *palettes des genoux ;* et, comme ce prélat est né en la ville de Saint-Lo, et que feue Madame la douairière de Matignon y demeuroit au temps dont nous parlons, il résolut d'en faire présent à cette église de Saint-Lo. Il fit donc enchâsser ces reliques dans un beau buste (*a*) d'argent, et les envoya en notre ville (89).

Le lundi de la Pentecôte, 22ᵉ mai 1679, fut choisi pour la cérémonie de cette translation solennelle. Les seigneurs évêques de Bayeux et de Coutances y ayant été invités et s'y étant rendus, on fut les quérir en l'église de l'Abbaye, où elles avoient été déposées, et les apporta-t-on processionnellement en l'église Notre-Dame.

La châsse étoit portée par deux prêtres vêtus en diacres, sur une espèce de civière richement ornée, précédée de plus de cent ecclésiastiques en chappes, avec une excellente musique, suivie des deux prélats, dont celui de Bayeux étoit à la droite, de Madame la

(*a*) VAR. ......dans un beau reliquaire.......

douairière de Matignon, des officiers de la ville ensuite, et d'un nombre innombrable de peuple de toutes sortes de qualités, venus à cette fête de plus de dix lieues à la ronde. Les poëtes de la ville firent plusieurs sortes de vers latins et françois sur ce sujet, qui furent imprimés (90).

Enfin le bâtiment de la pyramide de *la tour de l'horloge*. Avant feu M. Dubois, l'église de Notre-Dame étoit assez imparfaite : les clochers, entre autres choses, n'avoient pas plus d'élévation que le faîte de la nef de l'église ; ils se terminoient en carré, et faisoient une assez pauvre figure. Après donc avoir fait voûter et bâtir le chœur de l'église en l'état où il est, c'est-à-dire fort proprement, il fit élever cette belle pyramide qui est sur *la tour des cloches*, c'est-à-dire du côté du midi, vers la rue de *la Peuferie* (a).

La mort l'avoit empêché de rendre cette église parfaite, par l'élévation d'une seconde pyramide sur la tour qui est du côté du nord : en 1685, Messieurs de Saint-Lo ayant jugé à propos de suppléer à ce défaut, firent venir pour ce sujet un excellent architecte de la ville de Caen, lequel y travailla avec tant de justesse qu'elle est tout-à-fait conforme à la première. Il y a ceci de remarquable que, cette même année, le temple

(a) **Van.** A l'égard de cette pyramide, il est bon de se souvenir que l'église de Notre-Dame a été édifiée et ornée à diverses fois, et qu'elle n'est à l'état [où] nous la voyons que depuis peu de temps. Sans parler de ce qui précède, entre une infinité de bienfaits dont

des Protestants ayant été démoli, autant de la sentence
de cette démolition fut enfermé dans le coq de cuivre
qui est élevé sur cette pyramide, pour en conserver la
mémoire à ceux qui un jour le déferont (88).

Suit enfin ce que nous avons trouvé d'inscriptions et
d'armoiries dans les églises de l'Abbaye et de Notre-
Dame.

En entrant du cimetière de Sainte-Croix dans l'église
de l'Abbaye, par la petite porte qui y conduit, à la première chapelle qu'on y trouve, à main droite, on lit
cette épitaphe peinte contre le mur :

> Roulant l'an mil six cens, le 1er jour de mars
> Vit rendre d'Atropos l'impitoyable dard
> Mort frere Jean Hervieu, soixante et quatre,
> Portant l'art de ceans des ans quarante quatre ;
> Honnestement icy grand prieur estably,
> Aprez de la Roüelle et Guehebert aussy.
>
> Il fonda un obit ayant de Dieu la crainte,
> Reclamant la faveur de la Trinité saincte,
> En l'honneur de laquelle aux obitiers de ceans
> Donna par chacun an soixante et quinze francs.
> Donc ne l'oublirez pas, nous vous supplions, freres ;
> Recommandé l'aurez en vos bonnes prieres.
> O Vierge, mere ensemble, advocate lui sois
> Vers Jesus, ton enfant, Dieu des Dieux, Roy des Roys (89)!

elle est redevable à feu M. Dubois, elle compte la voûte du chœur et
la pyramide de *la tour des cloches*, c'est-à-dire cette tour qui est vers
le midi, sur la rue de *la Peuferie*, qu'il fit édifier.

En la seconde chapelle qui suit, du même côté, au haut de la contre-table, est un écu d'azur au chevron d'or, accompagné en chef de deux étoiles, et en pointe d'une coquille aussi d'or.

En la troisième, il y a, en la vitre, un écu d'or à trois pals de vair ; ces mêmes armes sont en relief contre les deux piliers qui séparent l'église paroissiale de Sainte-Croix de celle des Religieux : il y a encore, sur le balustre qui clôt cette chapelle, un écu de gueules, à six rocs d'argent, 3, 2, 1.

En la quatrième, sur la vitre, un écu d'argent à trois hures de sanglier de sable ; et un d'azur à la bande d'or.

En la chapelle qui est derrière le maître-autel, sont les armes des *Merlot*, qui [sont] d'argent au chef de gueules chargé de trois coquilles d'argent.

En cette même chapelle, au haut de la vitre, plus proche de l'angle, est un écu d'azur, à trois fleurs de lis d'or, au bâton de gueules.

En la seconde vitre, du même côté, sur la main droite, un écu écartelé, au 1er et 4e, d'argent, au lion passant de gueules, au chef d'azur chargé de deux fleurs de lis d'or ; au 2e et 3e, d'azur au sautoir d'or accosté de quatre croisettes de même. Item un autre écu parti d'hermine et de sinople.

A la première vitre de cette même chapelle, du côté de l'*Evangile*, est un écu d'argent au bâton de gueules, coupé de deux barres de même ; et en la deuxième vitre, du même côté, est un écu de gueules à trois boucles d'or, 2, 1.

Entrant dans le chœur, on voit sur les trois premières arcades, en relief, un écu chargé de trois coqs sans couleur : je crois que ce sont les armes des *Rouxel-Médavy*. L'écu de l'Abbaye est sur le pilier de l'autel, du côté de l'*Epître*, qui est de gueules à la main d'argent tenant une [*crosse*] d'or accostée de deux fleurs de lis de même.

A la vitre, au haut du chœur, du même côté de l'*Epître* où est peinte l'Ascension de Notre-Seigneur, est un écu de gueules à la tête de licorne arrachée d'argent, ayant en chef deux roses, et un peu au-dessous, vers la pointe, une étoile de même. Il y a, en la même vitre, un écu d'argent au chevron de gueules, à trois roses de même.

A la vitre qui est à l'angle opposé, du côté de l'*Evangile*, est un écu de gueules, au chef cousu d'azur, à trois roses d'argent, 2 et 1.

A la troisième vitre, vers le bas du chœur, est un écu d'azur à deux cornes de cerf d'argent, au pied duquel est ceci : *Ex spinis rosæ*.

En la chapelle qui est vis-à-vis de l'autel, du côté de l'*Evangile*, est une pierre hors d'œuvre, sur laquelle est en relief un écu sans émail, chargé de trois losanges, 2 et 1, et en cœur [*d'*]une fleur de lis ; et à un des côtés de cet écu est écrit, en lettres gothiques : *Sainte*, et à l'autre : *Foy*.

Dans l'église Notre-Dame, il y a, en la chapelle Saint-Michel, à la vitre, trois écussons : le premier est d'azur au sautoir d'or ; ce sont les armes des nommés *Alix*.

Le second est de gueules à trois besants d'argent, qui est [de] *Saint-Germain* ; le troisième d'azur au chef d'or chargé de trois merlettes de gueules, qu'on dit être les armes des *du Molay.*

En la chapelle Saint-Jean est l'écu des *de la Haye-Hue,* d'argent à trois écussons de gueules.

En la chapelle Saint-Laurent, à la clef de la voûte, un écu de sinople au sautoir d'or accosté de quatre rocs de même ; ce sont les armes des *Rogier,* dont l'un a été vicomte de Saint-Lo.

En la chapelle Saint-Sébastien, deux écussons : le premier est des *de la Dangie,* qui est d'hermine, au chef enté d'azur, chargé de trois pommes de pin d'or; le deuxième est des *de Parfouru,* d'azur à la fleur de lis d'or.

En la chapelle Saint-Pierre, à la voûte, un écu d'azur à trois cabots d'or, qui est *d'Auney.*

En la chapelle du Rosaire, cinq écussons à la vitre : le premier est des *Boucart,* de sinople à trois têtes de bouc arrachées d'or ; le second est des *Talvende,* palé de gueules et d'hermine ; le troisième des *Pontbellenger,* d'hermine à la face ondée de gueules ; le quatrième des *Saint-Germain-Grosparmy,* d'azur à une fleur de lis d'or (a) ; le cinquième est *de Silly,* coupé d'argent et d'azur, au léopard passant sur le tout de gueules, armé et couronné d'or.

(a) VAR. .... d'or à une fleur de lis d'azur.

En la chapelle Saint-Lo, trois écussons : le premier
d'azur au chevron d'argent chargé de trois tourteaux de
sable, accompagné de trois pommes de pin d'or, que je
crois être des *Poilou*, avec l'alliance des [*d'*] *Auxais* ; le
deuxième, de gueules au chevron d'or accompagné de
trois encensoirs d'argent, qui sont les [*armes des*] *de
Saon* (90) ; le troisième, d'argent à une aigle éployée de
sable ; c'étoient les armes des *de Vaulx*, famille de
Bayeux éteinte.

En la chapelle Saint-Georges, aussi trois écussons ;
les deux premiers en la voûte : l'un est de gueules à
trois peignes d'or (c'étoient les armes des [*Le*] *Pigny*,
autrefois seigneurs de Rampan, maintenant famille
éteinte) ; l'autre est d'azur à deux fasces d'or, à sept
molettes de même, 3, 3, 1 (ce sont les armes d'une
ancienne famille nommée *de Soule*, éteinte) ; le troisième est d'azur à trois coquilles d'or, armes d'une
famille éteinte nommée *Le Vicomte* (91).

En la chapelle Sainte-Barbe, l'écu des *de Varroc*, de
gueules à six rocs d'argent, 3, 2 et 1.

En la chapelle du sieur des Portes-Le Roy, il y a un
écu d'argent à la croix de gueules : ce sont les armes
d'une famille éteinte, nommée *de la Mare*, qui étoit en
la paroisse du Dézert.

En la vitre qui est dessous les cloches, un écu de
gueules à la fasce ondée d'or, à deux roses d'argent en
chef.

Enfin à la voûte de dessus les orgues est l'écu des
Le Goupil appelés maintenant *du Mesnildot* : d'azur au

chevron d'or chargé de gueules (a), accompagné de trois croisettes aussi d'or (92).

Au reste, les habitants de Saint-Lo sont bonnes gens; chacun s'applique bonnement à son emploi, sans querelle, murmure ni mauvaise volonté. Le peuple y est laborieux, industrieux, propre au commerce, et naturellement éloigné de ces vices grossiers qui, perdant le corps et l'âme, conduisent à la pauvreté et à la misère.

Les ecclésiastiques y sont fort réglés et remplissent assez bien le devoir de leur ministère. Ni dans la ville ni aux environs, je n'en connais point d'un mérite très-distingué par sa science ou par son éloquence, mais il y en a d'une véritable piété.

Les gens de justice y sont distingués par une qualité rare en Normandie : ils n'aiment ni les procès, ni les plaideurs ; ils ont aversion pour la chicane et les chicaneurs ; ils ne donnent des sentences de rigueur que lorsque les parties s'opiniâtrent à en vouloir ; ils renvoient souvent les causes en espérance d'accommodement entre les parties. Les avocats même demandent ces sortes de renvois, et ne conseillent jamais de plaider autrement que par force. J'y connois un officier qui, étant sur le point de rapporter une cause de conséquence entre deux plaideurs qui se poursuivoient depuis plus de dix ans au Parlement, à la Cour des Aides et ailleurs, les manda l'un après l'autre en particulier,

(a) VAH. ..... bordé de gueules.......

leur expliqua le fort et le foible de leur cause, et dit aussi à chacun d'eux qu'il alloit leur faire perdre leur procès ; ce qui les étonnant, ils se reconcilièrent : ils le prirent pour arbitre, et il les accorda de manière que depuis ils ont toujours été bons amis.

Il y a, dans l'étendue de la juridiction de Saint-Lo, quantité de familles fort nobles et anciennes, quoique la plupart ne soient pas riches. En voici quelques-unes : Carbonnel, Saint-Gilles, Thère, du Chastel, Clérel, Hottot, Marguerie, Parfouru, Varroe, Fortescu, Baudre, Brébeuf, Boucart, Mesnil-Eury, Le Roy, Dufayel, Sainte-Marie, du Saussey, La Cervelle, [d']Auxais, Bricqueville, Béchevel, Duchemin, et plusieurs autres. A propos de quoi, on voudra bien que je remarque ici, en passant, qu'on a fait tort à cette dernière famille que j'ai nommée, en disant et écrivant que la noblesse des *Duchemin* est venue de l'alliance de *la Pucelle d'Orléans*, c'est-à-dire par le mariage fait en 1517 de Lucas Duchemin avec Jeanne Fournier, fille de Robert, et petite-fille de Pierre du Lys, frère de la Pucelle, puisqu'il paroît par plusieurs titres, dont nous avons vu les copies, qu'avant cette alliance les *Duchemin* prenoient la qualité d'*écuyers* ou *chevaliers*.

Ainsi, Guillaume Duchemin, père de ce Lucas, est vérifié noble d'armes et de race dans l'attestation du service d'arrière-ban à lui délivrée par le sieur Paisnel, commandant général de la Noblesse de Normandie, en 1474, ainsi que dans son traité de mariage, passé à Falaise, avec Suzanne de Tournebu, environ le même

temps.—Lucas Duchemin, père de ce Guillaume, portoit
la même qualité, ainsi qu'il paroit par son traité de
mariage avec Françoise de la Heuze, daté du 17 mars
1445, et par l'aveu de sa terre de Semilly, rendu au Roi
le 15° janvier 1450, étant partout traité d'*écuyer*.—Le
père de ce Lucas, nommé aussi Guillaume, avoit la
même qualité, ainsi qu'il paroit par son traité de mariage avec Charlotte de Neufmarché, passé devant les
tabellions de Caen en 1403; et pour ne pas aller plus
loin, le père de celui-ci, en épousant, en 1368, Gavote
Le Tresflier, prend la qualité d'*écuyer* dans son traité
de mariage, passé devant les tabellions à Rouen.

Tout ce que dessus est une preuve évidente que ce
Lucas Duchemin, II° du nom, prenant alliance avec la
Fournier, petite-nièce de la Pucelle, étoit un avare qui
espéroit, par cette alliance, marier ses filles et ses
petites-filles pour aucunes autres choses que par le droit
d'anoblir les maisons où elles entreroient, comme il fit
en effet. Ce qui est si vrai, que lui-même, en son traité
de mariage avec la Fournier, prend la qualité d'*écuyer*,
fausseté manifeste, s'il l'avoit eue seulement après ce
mariage (93).

Au surplus, le terroir de cette ville et des environs, est
des bons fonds de toute la Normandie, fertile en blés, en
paturages, [en] toutes sortes de fruits[; de sorte que c'est
avec raison qu'on peut dire avec M. de la Haulle :

Nulla est in toto Pomona beatior orbe,
Nec tam grata diu Flora refundit opes.]

Le canton qui est au-dessus de Saint-Lo, c'est-à-dire vers le midi, est plus abondant en blés ; celui au-dessous, vers le nord et Carentan, est plus riche en herbages.

La *tangue*, un petit sable blanc que la mer roule, et qu'on va quérir et qu'on apporte en bateau jusqu'aux murailles de la ville, est d'un grand secours pour les habitants des lieux circonvoisins. Cette tangue répandue à propos sur les terres qu'on a disposées à la recevoir, [leur] communique un sel ou espèce de graisse qui leur donne une fertilité merveilleuse.

On peut dire aussi, avec le même [*M. de la Haulle*], que le pays est agréable, coupé et diversifié de rivières, de prairies, côteaux, bois, bocages, terres labourables, herbages, et autres choses semblables qui rendent un canton heureux et un séjour agréable :

[Sive trium nitidas fluviorum aspexeris undas,
Seu lætas valles, prata, vireta, nemus,
Nil oculis usquam sese jucundius offert,
Nulla sub axe poli purior aura fluit.

Et M. Ybert, écrivant sur ce même sujet, dit :

Quidquid ab his læti superest Pomœria circum,
Vindicat ipsa sibi rerum natura creatrix ;
Scilicet hic donis hilarant cerealibus arva,
Illic læta videt Pomona gravantia ramos
Frondeque sub viridi pendere ex arbore mala ;
Floribus hic horti spectacula grata refundunt,
Hic acclive solum pascit cum matribus agnos :
Illic frondoso pendens acredula ramo
In varias solvit tenuissima guttura voces].

On a découvert en ce terroir trois mines considérables. La première est d'*or*, en la paroisse de la Chapelle-Enjuger, sur le fief et au bout de l'avenue de la
maison du Mesnildot : quelques particuliers y ont travaillé de nos jours, et y ont découvert du *camfre* et du
vif-argent (94); mais j'ose dire que ce travail n'est
pas de particuliers. L'autre est une mine de *marbre*
très-beau, s'il étoit travaillé : cette minière, au moins
la principale, est à une lieue et demie de Saint-Lo,
dans une paroisse nommée *Cavigny;* et, depuis peu,
un officier de l'Election de Saint-Lo, nommé *M. Duha-
mel,* faisant creuser un puits, y en découvrit de noir
mêlé de blanc très-beau, s'il étoit travaillé (95). Enfin
la dernière est d'*ardoise* très-fine; elle se trouve à une
lieue et demie au-dessus de Saint-Lo, aussi sur le bord
de la rivière, dans la paroisse de Saint-Romphaire (96).

On y rencontre aussi quantité d'eaux minérales très-
propres aux usages à quoi les veulent appliquer les
médecins : je n'en nommerai ici que trois. La première
est un peu au-dessous de la chaussée de l'étang de la
Motte, en la paroisse de Saint-Ebrémond, à deux
lieues de Saint-Lo; j'en ai fait l'épreuve; elles sont
très-qualifiées et très-bonnes. L'autre est dans cette
belle prairie de Dolée, qu'on appelle *le Pré l'Evêque,*
où il est à remarquer qu'il y a deux sources ou fontaines voisines, dont les eaux de l'une sont communes,
et celles de l'autre tout-à-fait minérales. La dernière
est la plus fameuse de toutes; elle est en la paroisse
d'Hébécrévon, à une petite lieue de notre ville : il ne

se passe point d'été qu'il n'y ait quantité de personnes qui viennent y en boire, et qui s'en trouvent tout-à-fait soulagées (97).

M. de la Houlle reconnoît ces mines d'ardoise et de marbre, et ces fontaines minérales, et il [en] parle ainsi :

Hic medicos promit fontes vis abdita rerum,
  Atque lithostilben terra benigna parit ;
Seque aperit portus, quem Viria perluit undis ;
  Nascitur et varius marmoreusque lapis.

VILLE DE CARENTAN.

Carentan porte d'argent billeté de neuf pièces de gueules, à une aigle éployée de même, au chef d'azur chargé de trois fleurs de lis d'or.

Cette ville est le *Crouciatonum* de Ptolémée et de l'Itinéraire romain. Ptolémée la nomme *le port des Unelliens :* en l'Itinéraire *Crouciatonum* est placé entre *Alauna* et *Augustodurum,* qu'on croit ordinairement être *Thorigny,* et que nous avons pensé être plutôt ce lieu de la paroisse de Semilly qu'on appelle *le vieux Château* (98), dans lequel on a tant trouvé et trouve-t-on encore tous les jours grande quantité de médailles des premiers empereurs, ainsi que nous l'avons dit dans les Mémoires de la ville de Saint-Lo.

Robert Le Rocquez, ce poëte prétendu que nous avons déjà cité et qui a fait en vers les six âges du monde, dit que Carentan fut premièrement bâti par un lieutenant d'Auguste César, nommé *Caros*, dont elle a retenu le nom.—Cette ville étoit le lieu de la naissance de ce poëte, aussi en dit-il assez de bien. Après avoir parlé, en son poëme, d'Auguste César, il ajoute :

> [En ce pays et plage occidentale]
> Son colonel Caros jà ancien
> Fist un chasteau qu'il nomma Carenten,
> Près de la mer, sur Taute, en marescage,
> Un plat pays plein d'eaux et de rouage ;
> Et maintenant est ville de renom,
> De ce Caros ayant encor le nom.
> Si le chasteau ou la ville est petite,
> L'air y est bon et la place d'elite,
> De doulces eaux et mer environnée,
> La terre est bonne, en labeur ordonnée,
> Et où se vient rendre maint bon marchand
> Qui seurement est au païs marchant.

Il faut, comme cet écrivain, être né à Carentan, pour dire, comme lui, que l'air y est sain.—Cette ville est dans un fond, au milieu des marais, des prairies et des eaux : on n'y voit presque jamais le soleil qu'il ne soit dix ou onze heures de matin, à cause des effroyables brouillards que causent ces diverses eaux et ces marais, qui le dérobent aux yeux, et qui enveloppent Carentan presque continuellement.—C'est le meilleur canton du monde pour les anguilles : les *limes*, c'est-à-dire cer-

tains fossés remplis de bourbe et d'eau qui divisent ces
prairies et ces marais, en sont tout pleins; on y en
pêche la plus grande quantité du monde.—Il en est de
même des canards, vannets, bécassines, corlieux et
autres animaux aquatiques.

Les lieux qu'on peut un peu sécher, ou qui sont un
peu plus élevés que le reste du terrain, sont excellents
pour les bêtes : les chevaux et les bœufs y graissent
parfaitement bien ; on y fait de très-beau et bon beurre,
et en grande quantité.

[Les terres qui sont un peu écartées de ces larges
marais sont communément bonnes, et les plus élevées
produisent de bon grain, lorsqu'on veut se donner la
peine de les labourer ; mais on a tant de croyance aux
herbes qu'elles produisent naturellement et au beurre
qu'on en retire, qu'à peine veut-on se donner la peine
de les labourer.]

Rien des choses nécessaires à la vie n'y manque, et
si Carentan étoit situé un quart de lieue plus vers le
levant, c'est-à-dire hors du milieu de ces insupportables
marais, je crois que ce seroit une des meilleures villes
de la province ; mais certainement en l'état et dans le
lieu où elle est, on peut dire qu'on y languit plutôt
qu'on y vit ; et, encore une fois, il faut y être né pour y
subsister, particulièrement pendant neuf mois de
l'année.

Il me semble qu'on pourroit la fortifier de manière
qu'elle seroit imprenable. Il seroit bien aisé de remplir
ses fossés d'eau, tant des rivières qui abordent de tous

côtés que de celle de la mer qui y vient deux fois par
jour : on pourroit même aisément inonder le terrain qui
l'environne, de manière que les ennemis ne pourroient
l'aborder ; et certainement, si on vouloit, on mettroit
ses murailles en état de ne pouvoir être renversées ni
par les mines, ni par les fourneaux (99).

Carentan est fort petit ; ses murailles, en y comprenant le château, ne renferment pas plus de trois ou
quatre acres de terre. Il a deux faubourgs, l'un au
levant et l'autre au couchant : ils sont assez peuplés,
aussi bien que la ville.

[C'est un fameux passage pour aller du Cotentin au
reste de la province et du royaume ; mais ce passage
est très-dangereux en hiver, à cause des eaux. Ces eaux
inondent tout le chemin et les marais depuis la dernière
maison du faubourg qui est vers le nord-ouest, jusqu'au pont d'Ouve, c'est-à-dire trois quarts de lieue :
elles ont trois ou quatre pieds de hauteur. On a élevé
tout le long de ce chemin un petit mur large de deux
pieds et demi, sur lequel les gens de pied peuvent mar-
cher et mener leurs chevaux avec de longs licols, mais
c'est toujours un grand danger de tomber dans l'eau,
particulièrement lorsque le vent est gros, et lorsqu'on
rencontre d'autres personnes qui viennent du lieu où
l'on va.]

Il n'y a qu'une église et une paroisse desservie par
deux curés : [le Roi en est patron. Voici les termes du
Livre noir de l'Evêché :

« Ecclesia de Karentonio. Patronus Rex ; et sunt ibi

» duo rectores qui æqualiter desserviunt et percipiunt,
» excepto quod magister Symon in portione sua habet
» quatuor homines qui valent circiter viij solidos.
» Abbatissa de Pratellis percipit duas garbas et quatuor
» partes lini ; rectores percipiunt tertiam garbam et
» reponunt eamdem in grangia abbatissæ, et percipiunt
» de communi, antequam aliquid levetur, xvj quarteria
» bladi, iiij videlicet frumenti, iiij ordei, iiij avenæ et
» iiij leguminis. Item percipiunt tres partes lini. Item
» in festivitatibus Nativitatis, Purificationis, Assump-
» tionis, percipit ipsa abbatissa iiij portiones candela-
» rum tunc oblatarum ; rectores tres portiones. Item in
» portione garbarum abbatissæ percipit Rex fariaginem
» frumenti. Et valet pro Roberto iiij^{xx} lib. ; item pro
» parte Ade iiij^{xx} lib. Abbatissa de Pratellis vj^{xx} lib. »]

L'église est assez propre : il y a un peu plus de deux
cents ans qu'elle fut bâtie de neuf (100) par un seigneur
du nom de Cerisay, lequel étoit seigneur du château de
la Rivière ; on voit ses armes en plusieurs endroits de
cette église, qui étoient d'azur [au chevron d'argent], à
trois croissants d'or ; son tombeau est élevé dans le
château sous un marbre noir (a).

Il y a, dans le faubourg appelé de Saint-Michel (c'est
celui qui est vers le couchant), un couvent de filles
d'une espèce que je crois unique en Basse-Normandie :

(a) VAR. Ce seigneur et [son épouse, Jacqueline de Rentot,] sont
inhumés sous un tombeau élevé dans la nef, vis-à-vis du crucifix,
sous les cloches.

ou les nomme *Filles de la Congrégation de Notre-Dame*, ordre institué en Lorraine par un chanoine régulier appelé *Pierre Fournier*, curé de Mataincourt (101). Noble dame Marthe du Faoucq, veuve de Jacques d'Auxais, écuyer, seigneur de Notre-Dame-d'Alonne, de Saint-Pierre-d'Arthéglise, de Sortoville, etc., les fit venir de Laon et les fonda ; et feu Messire Léonor de Matignon les reçut et approuva par acte du 2 octobre 1635 [; et l'agrément du clergé, de la noblesse et des habitants de Carentan, pour être reçues en leur ville, est du même temps. Leur fondatrice s'étoit adressée à Messire Philbert de Brichanteau, évêque et duc de Laon ; il lui envoya sœur Catherine [*Thurel*] de Jésus, professe de Châlons, accompagnée de trois autres. Elles furent reçues processionnellement en cette ville le 15 octobre audit an, par noble homme Messire Martin de Gourmont, curé de ce lieu, et conduites en l'église paroissiale, où le *Te Deum* ayant été chanté, elles furent conduites aussi processionnellement en une maison de louage qui leur avoit été préparée, sur la porte de laquelle le curé plaça premièrement une croix, puis célébra la sainte messe sur un autel élevé à ce dessein, et posa le saint-sacrement en une espèce de tabernacle qui y avoit été dressé, suivant les ordres de l'évêque et de ses grands-vicaires.

Le 24 octobre 1644, l'évêque accompagné du clergé et du peuple de Carentan, et de quatre de ces religieuses, fut en procession bénir solennellement et poser la première pierre du monastère où elles sont, sur la-

quelle sont gravés les saints noms de Jésus et de Marie.
—En 1645 elles obtinrent du Roi lettres patentes pour
leur établissement, et enfin, le 9 mars 1652, ladite
sœur Catherine Thurel de Jésus, supérieure, avec dix-
sept professes et cinq novices qu'elle avait reçues,
furent conduites encore processionnellement de leur
maison de louage en l'église paroissiale, et de là, après
le sermon fait par M. Bazire, grand-vicaire, en leur
église conventuelle, où le même grand-vicaire, ayant
dit la messe solennellement, elles furent renfermées
dans leur cloître, d'où depuis aucune religieuse n'est
sortie pour quelque raison ou quelque prétexte que ce
pût être, loi de clôture chez elles si inviolable que, le
19 juin 1679, le faubourg de Carentan ayant été con-
sumé par le feu, elles aimèrent mieux s'exposer à toutes
sortes de périls que de la violer.]

Cette ville est célèbre par la sainteté et le martyre de
trois de ses enfants : Léon, Philippe et Gervais, frères.
Le premier, après avoir fait ses études à Paris, fut appelé
à la cour de Louis le Bègue ou, comme disent d'autres,
de Louis II, surnommé le Jeune, roi de Germanie : il fut
de là à Rome, où le Pape, connoissant son mérite, le
choisit après la mort de Jean, archevêque de Rouen,
pour lui succéder, et le sacra lui-même primat de la
seconde Lyonnoise. Il y a de nos écrivains qui disent
qu'il vint à Rouen, et en prit possession : d'autres sont
persuadés du contraire ; mais tous demeurent d'accord
que, s'il vint à Rouen, ce fut pour très-peu de temps.
—Il avoit été choisi par le même pape pour porter notre

sainte religion [*chez les infidèles*] et être l'apôtre de
Bayonne, de la Biscaye et des pays voisins : il y fut
accompagné de ses deux frères. Par la force de ses
prédications et la grandeur de ses miracles, il en bannit
l'idolâtrie, y fit connoître Dieu et recevoir la doctrine
chrétienne ; et pour récompense de ses grands travaux
il fut aussi avec ses frères couronné du martyre :
« Multis », portent ses actes, « pro Christo affectus inju-
» riis, et ad extremum impiis sævientis turbæ gladiis cæ-
» sus, jugem corporis mortificationem cruento consum-
» mavit sacrificio. » Cette ville, je veux dire Bayonne,
et tout son territoire, reconnoît saint Léon pour son
apôtre et son premier évêque. Ils en solennisent la fête
le premier jour de mars de la manière la plus auguste
qu'il leur est possible.—Feu M. Leprevost (102), si connu
des savants par ses excellents écrits tant imprimés que
non imprimés, écrivant sur ce sujet à feu M. l'archevêque de Rouen, dont il étoit secrétaire, pour l'exhorter
à faire aussi solenniser la fête de ce saint martyr, son
prédécesseur, comme on a fait depuis à Rouen et à Coutances, lui parle entre autres en ces termes : « Excitent
» oves pascuæ tuæ illustris natio Normanorum, omnes-
» que tui Primatus ecclesiæ, et illa in primis quæ pecu-
» liarem sibi patris affectum longa viduitate conciliat
» filia tua Constantiensis, de cujus tribu LEO noster
» processisse dignoscitur (103) ».

Ce fut, comme nous l'avons déjà remarqué (104),
à Carentan que Serlon, religieux de Saint-Evroult et
évêque de Séez, vint au-devant du roi Henri d'Angle-

terre en 1109 (105), le harangua sur les maux dont la
province et particulièrement le Cotentin étoient accablés
sous le gouvernement de Robert, son frère, prince mol et
efféminé ; et tournant son discours sur la mode de porter
ses cheveux longs qui régnoit alors parmi les Anglois :
« Omnes, » lui dit-il, « femineo more criniti estis, quod
» non decet vos, qui ad similitudinem Dei facti estis, et
» virili robore perfrui debetis. Viros quippe cirritos esse
» quam incongruum et detestabile sit Paulus Aposto-
» lus..... sic ait : ....—His dictis, Rex cum
» optimatibus cunctis exultans adquievit , et alacer
» episcopus continuo de mantica forcipes extraxit, et
» prius Regem, ac postmodum Comitem, proceresque
» plurimos propriis manibus totundit (*). »

Cette tonsure faite à un roi et à toute sa cour par un
moine étoit conforme à un statut du concile de Rouen
tenu treize ans auparavant, c'est-à-dire en 1096, auquel ce même Serlon avoit assisté ; duquel statut voici
les termes (**) : « Nullus homo comam nutriat, sed sit
» tonsus, sicut decem Christianum. Alioquin a liminibus
» sanctæ matris Ecclesiæ sequestrabitur, nec sacerdos
» aliquis divinum ei officium faciet, vel ejus sepulturæ
» intererit (a). »

(*) ORDER. VITAL. Histor. Eccles., lib. XI, ap. Duchesne, Histor.
Normann. scriptor., pag. 815 et 816.
(**) ORDER. VITAL. Histor. Eccles., lib. IX. Ibid., pag. 721 et 722.
(a) VAR. Ce fut, comme nous avons déjà remarqué, à Carentan
que Serlon, évêque de Séez, vint au-devant du roi d'Angleterre

A la descente d'Edouard, roi d'Angleterre, en 1346, cette pauvre ville éprouva la fureur des Anglois et paya la peine d'un prétendu crime dont elle n'étoit pas coupable. Les têtes de Bacon et de Percy étoient élevées par ordre du Roi au bout de deux lances plantées sur la porte de Carentan qui conduit au faubourg Saint-Michel : ce fut une raison assez forte à ce roi barbare pour l'immoler par le feu à sa vengeance, et pour dire publiquement qu'il sacrifioit par les flammes aux mânes de ces deux seigneurs. — « Carentanum, » dit Paul Emile parlant de cet Edouard, « expugnavit, præ
» impotentique ira evertit, quod Francus de Bacchone
» Perscioque supplicio Lutetiæ sumpto, eorum capita
» hac in urbe conspecto maximo loco ad terrendam
» audaciam proposuisset. Ea ipse venerabundus relixit,
» exequiarumque ac sepulturæ honorem amplissimum
» habuit, memoriam defunctorum omni genere laudis
» celebrans (106). »

Carentan avoit été cédé au roi de Navarre par le roi Jean ; il lui fut ôté par Charles V, à cause de ses perfidies et [de] ses rébellions continuelles.

Henri Iᵉʳ, et le harangua à genoux entre deux coffres, en 1106, sur les maux dont la province et particulièrement le Cotentin étoient accablés sous le gouvernement d'un prince mol et efféminé tel qu'étoit son frère, le duc Robert ; et tournant son discours sur la mode qu'avoient les Anglois de porter de longs cheveux, il persuada si bien ce monarque qu'il souffrit que ce prélat tirât des ciseaux de sa [manche] et lui coupât les siens, afin qu'à son exemple les seigneurs de sa cour et ses soldats se les fissent couper.

Au temps des courses des Anglois qui étoient à Cherbourg, on en remarque une en laquelle ils furent à Thorigny et le pillèrent, et de là à Bayeux dont aussi ils pillèrent les faubourgs; mais ils n'osèrent approcher de Carentan, parce que cette ville avoit pour gouverneur le seigneur de Hambye, bon et vaillant chevalier, qui l'avoit garnie de toutes choses nécessaires pour repousser ses ennemis. Voici ce qu'en dit Froissart :

« Or avint qu'environ Noel l'armée du Comte d'Aron-
» del (qui toute l'année (1388) s'estoit tenue sur mer,
» vacrant et frontenant le pays de Bretaigne, de la
» Rochelle, de Xainctonge, et de Bordelois) s'avala en
» Normandie et passa devant Karentem : mais avant
» avoient ils pris terre à Cherbourg ; et vouloient là
» faire aucunes armes au pays. De la ville et garnison
» de Karentem estoient gardiens, et souverains pour ce
» temps, le sire de Hambie et le sire de Couey (ou
» Torey); et avec eux il y avoit grande foison de Cheva-
» liers et Escuyers de Normandie. Quand le Comte
» d'Arondel, et sa route, entendit que la ville de Karen-
» tem estoit bien pourveu et garnie de bons Gens-
» d'armes, si passerent outre ; car ils voyoient bien
» qu'à l'assaillir ils pouvoient plus perdre que gaigner,
» et s'en vindrent à une autre ville, assez près de là
» (qui s'apelle Thorigny) et l'assaillirent, et prirent par
» force, et la pillerent, et y conquirent moult grand
» avoir, et emmenerent grande foison de prisonniers, et
» puis vindrent devant la bonne ville et cité de Bayeux,
» et furent jusques aux barrieres, mais point n'y

» assaillirent fors que d'une seule écarmouche, et pas-
» serent les Anglois les Guez S. Clement, et firent moult
» grand dommage au pays, car ils y sejournerent quinze
» jours, ou environ : ne nul ne leur alla au devant. Si
» estoit le Mareschal de Blainville en Normandie : mais
» il n'estoit pas signifié de leur venue, car s'il l'eust
» sceu, il y eust pourveu. Quand les Anglois eurent
» faict leur voyage, et leur emprise, et porté au pays de
» Normandie dommage de bien cent mille francs, ils se
» retrairent bien et sagement : et passerent les Guez : et
» retournerent à Cherbourg : et meirent tout leur con-
» quest à sauveté, et à leur navie : et quand ils eurent
» vent à volonté, et leurs vaisseaux furent chargez, ils
» entrerent dedans : et se desancrerent : et puis prirent
» le parfond : et retournerent en Angleterre : et arri-
» verent à Hantonne (a). »

(a) VAN. Cette ville retournée avec les autres à la couronne de
France, sous le roi Philippe-Auguste, fut par après cédée avec le reste
du Cotentin au roi de Navarre Charles le Mauvais ; elle lui fut aussi
arrachée, au temps de Charles V, par le connétable Du Guesclin.
Nous avons remarqué que, lors de la course des Anglois qui étoient à
Cherbourg, en laquelle ils pillèrent Thorigny et furent jusqu'aux
portes de Bayeux, ils n'osèrent attaquer Carentan, parce que cette
ville avoit pour gouverneur le seigneur de Hambye, bon et sage chevalier, qui avoit garni cette place de toutes choses nécessaires pour
repousser tous ceux qui oseroient l'attaquer.

A la descente d'Edouard de Windsor, roi d'Angleterre, Carentan
fut cruellement châtié d'un crime dont il étoit innocent. Les têtes de
Roger Bacon et de Richard de Percy, seigneurs du Cotentin, étoient
élevées par ordre du roi [Philippe de Valois] au bout de deux piques

Cette ville subit le joug des Anglois, comme les autres, depuis 1419 jusqu'en 1449 (107), qu'elle en fut délivrée par l'armée du connétable de France, le comte de Richemont (a).

Au temps des troubles pour la religion, le marquis de Colombières, du nom de Bricqueville, un des plus emportés chefs de rebelles qu'eussent alors les religionnaires, s'en rendit maître, et traita les églises, les prêtres et les catholiques, avec toute la douceur que lui inspiroit sa religion et son naturel fier et barbare. En voici un trait [,qui en exprime une particularité assez remarquable à notre sujet]; il est tiré d'un registre de l'évêché de Coutances, sur l'année 1508 (108) :

« Hac die dominica sacræ quadragesimæ *in Brando-* » *nibus* septima mensis martii, Dominus de Colombieres » una cum suis satellitibus, hora octava de mane, hanc » civitatem Coutantiensem aggressus fuit, et plures » secum in sacro sacerdotii ordine constitutos ducere » fecit apud Carentonium et in carcerem mittere præ-

plantées sur la porte qui est au couchant, vers le faubourg Saint-Michel : ce fut une raison assez forte à ce roi barbare pour sacrifier cette ville par le fer et le feu aux mânes, comme il disoit, de ces deux seigneurs.

(a) VAR. A la descente de Henri V à Touques, au commencement du xv* siècle, elle jugea devoir suivre le torrent de la fortune et de la victoire. Qu'auroit-elle pu faire, sans espoir de secours ?... Elle secoua aussi le joug de cet étranger aussitôt qu'il lui fut permis de respirer, c'est-à-dire en 1450, à la venue du connétable de Richemont et de son armée.

» cepit, in quo per quindecim dies catenis ferreis infer-
» ratos detinere mandavit. Et advenientibus diebus xv^a
» et xvi^a mensis prædicti, cathedræ et sedilia ac omnia
» et singula ex ecclesia prædicti loci de Carentonio ex
» jussu dicti Colombieres combusta et concremata
» fuerunt ; campanasque dictæ ecclesiæ descendere
» et in suo castro transportare fecit. »

Nous apprenons de l'auteur d'un livre qui a pour
titre l'*Histoire des guerres pour la Religion* (109), qu'en
1574 le comte de Montgommery et le même Colombières étant les maîtres de cette ville, en donnèrent le
gouvernement au comte de Lorges, fils de Montgommery, et que, pendant quatre mois, ils contraignirent
quatre cents paysans de travailler à la fortifier ; voici
les termes de cet écrivain, liv. xx, pag. 556, après
avoir parlé de la prise de Saint-Lo :

« Le sieur de Matignon , » dit-il , « sejourna huict
» jours (à Saint-Lo) pour faire traitter les blessés, re-
» poser son armée et retablir les demolitions de la
» guerre. Cependant il envoya sonder la mine et inten-
» tion de ceux de Carentan qui ne faisoient encore sem-
» blant de s'estonner, car ils avoient là dedans soubz
» Guitry 500 soldats, 60 gentilshommes et plus de 25
» capitaines, avec le seigneur de Lorges, fils de Mont-
» gommery, blessé au genouil d'un coup d'arquebuse
» reçu au pont de Saint-Hilaire lorsque son pere fut
» contraint de quitter pour se jeter en Saint-Lo. Davan-
» tage, ils avoient à merveilles depuis quatre mois for-
» tifié la ville, y employant chaque jour plus de 400

» paysans contraints à coups de baston, tellement que
» pour lors un nouveau canal de mer l'enfermoit d'un
» costé, et certains grands marais arrosez de mer et de
» rivieres l'environnoient de l'autre. Adjoutez qu'ils
» avoient encore si curieusement rasé faubourgs et
» campagne, ne laissant arbre, ni pierre sur pierre, aux
» environs de leur ville, que les approches en estoient
» très malaisées et dangereuses. »

[Il rapporte ensuite que le seigneur de Matignon
ayant absolument résolu de se rendre maître de cette
ville, s'avança du côté de Sainteny ; ce que voyant les
Protestants, ils furent saisis de peur et se rendirent à
composition :] « mais les chefs » [, dit notre écrivain,]
» non bien resolus, se voyant l'armée victorieuse à
» Sainteny demie lieue près d'eux seuls restez en Nor-
» mandie et loin de tout secours, demanderent aussitost
» à parlementer, offrant de rendre la ville avec toutes
» munitions moyennant vie et bagues sauves. Inconti-
» nent le s^r de Matignon depesche le sieur le Faure,
» Commissaire ordinaire des guerres, vers la Reyne
» mere du Roy et lors regente en l'absence de Henri III,
» roy de France et de Polongne, pour sçavoir son plaisir
» là dessus, avec charge particuliere audict commissaire
» de luy remonstrer la force de la place, laquelle on ne
» prendroit d'assault sans y perdre de bons hommes.
» Elle se fiant en la suffisance et fidelité du s^r de Mati-
» gnon, luy donna plain pouvoir de composer avec les
» assiegez comme il cognoistroit necessaire pour le ser-
» vice du Roy et le bien de la paix. »

Ce même auteur ajoute les termes de cette capitulation, et les voici :

« I. Que Guitry, chef d'icelles trouppes, se soubsmet-
» troit sous la volonté de la Reyne et seroit amené
» devant elle ;

» II. Que les Gentilz-hommes sortiroient avec un
» cheval et avec l'espée, sans autres armes ;

» III. Que les soldats s'en iroient sans tabourin ny
» enseigne, portans leur harquebuze sans mesche, et
» passeroient par devant mondict sieur de Matignon :
» où estans jureroient de ne porter jamais les armes
» pour la nouvelle religion, ains pour le service du Roy,
» s'il plaisoit à Sa Majesté les y employer ;

» IV. Qu'il feroient profession de vivre dorenavant en
» la Religion Catholique et Romaine, et demeureroient
» paisibles en leurs maisons ceux qui s'en voudroient
» retourner. »

« Les articles », ajoute-t-il, « furent acceptez et
» accomplis le 28 de juin, au grand bien de la province
» par ce moyen nettoyée de tumulte et soulagée des
» grands maulx de la guerre (a). »

[Il y avoit, au temps de Monfault, en l'Election de
Carentan, 103 gentilshommes seulement en 76 familles : le nombre en a tellement augmenté que nous
en comptons 400 dans la Recherche de Chamillart, sans

(a) VAR. Ces articles furent acceptés, et accomplis le 28e juin de
l'an 1574, deux jours après la mort du comte de Montgommery, qui
avoit été exécuté en Grève le 26e du même mois et an.

ceux qui furent rejetés et qui se sont fait rétablir, ni ceux qui ont été anoblis en la dernière création qui en a été faite.]

Nous trouvons à Carentan et dans l'étendue de sa juridiction plusieurs personnes qui se sont fait distinguer par leurs divers ouvrages. Voici les noms de quelques-uns :

Le premier, suivant l'ordre des temps, est Nicole Aubert, avocat du Roi à Carentan, qui vivoit sur la fin du xv° et le commencement du xvi° siècle. C'est lui qui a fait des vers sur l'établissement du Parlement de Rouen, et sur chacun des officiers de cette cour souveraine, lesquels M. de Bras a insérés dans son livre des *Antiquités de la ville de Caen* ; nous le croyons aussi auteur de ces vers qui sont brodés sur la tapisserie de l'église de Coutances, donnée par Geffroy Herbert, lesquels nous avons rapportés ci-dessus (110).

Le second est Mre Robert Le Rocquez, docteur en théologie, qui a fait un poëme sur les six âges du monde, auquel il a donné le titre de *Miroir d'Eternité*, et que son neveu, du même nom, a fait imprimer : ils vivoient au milieu du xvi° siècle (111). Ce même écrivain Le Rocquez fait mention en ce poëme, au sixième âge, feuillet 113, d'un autre savant de cette ville, nommé Nicolas Osber (112), dont il dit :

> Et en ce temps fut Nicolas Osber
> Que le long temps nous voulut derober
> En Carentan, pour remplir l'excellence
> Du hautain Ciel de sa doulce eloquence.

Le troisième est l'Eminentissime Cardinal Jacques Davy du Perron (113), dont le seul nom est un éloge, l'honneur de la France et de l'Eglise ; originaire de Saint-Aubin-de-la-Pierre, de la dépendance de Carentan, sergenterie d'Aubigny, où est située la terre du *Perron* dont il voulut porter le nom, pour se distinguer des autres Davy. Cette terre est maintenant possédée par les Sʳˢ de Martigny-Le Meunicier.

Le quatrième est le P. François Feuardent (114), cordelier : il s'est rendu très-célèbre par la connoissance qu'il avoit des langues savantes, ses écrits, et ses victoires remportées sur les hérétiques. Il étoit de la paroisse [*de Sᵗ-Sauveur-de-Pierrepont ?*], d'une famille noble des *Francs-Fiefs* (a).

Le cinquième, s'il m'est permis de lui donner rang ici, est ce Jean Brouault (115), ministre des Huguenots, duquel nous avons parlé, et qui se rendit célèbre par ses combats et par les victoires sur lui remportées par le P. Feuardent.

Les sixième et septième sont Godefroy et Berault (116), illustres commentateurs de la Coutume de Normandie, et si connus par les avocats et autres gens du palais.

(a) Vᴀʀ. 3° Le fameux et très-savant P. François Feuardent, cordelier, dont la famille noble subsiste encore en plusieurs branches dans le Cotentin ; si illustre par la connoissance qu'il avoit des belles-lettres, par ses ouvrages et par ses victoires remportées sur les Protestants, et en particulier sur un ministre de notre ville, nommé Jean Brouault.

Le huitième et dernier enfin est un autre Godefroy, prêtre, curé de Cretteville, si affectionné pour l'établissement des séminaires dans les diocèses. Il fit, pour ce sujet, un petit livre qu'il présenta à l'Assemblée du Clergé tenue à Paris en l'année 1625 ; et voici ce qui fut résolu sur son livre qui avoit pour titre *Les Saints Exercices* :

« Monseigneur de Chartres aiant esté prié de dresser
» l'acte d'autorisation de l'Assemblée d'un livre faict
» par le curé de Creteville, diocese de Coutances en
» Normandie, l'a remis ainsi que s'ensuit :

» Les Cardinaux, Archevesques, Evesques et autres
» ecclesiastiques de l'Assemblée du Clergé, souhaitant
» de voir l'estat hierarchique en sa premiere splendeur,
» ..... ont reçu, approuvé et autorisé le dessein qui
» leur a eté proposé par Maitre Charles Goudefroy, curé
» de Creteville, pour l'erection des colleges des saints
» exercices, par les provinces de ce roïaume, comme le
» moien tres-efficace et tres-souverain de parvenir et
» de se conserver en la perfection chretienne. Et pour
» mettre une si sainte entreprise en execution, nosdits
» Seigneurs l'ont exhorté et luy ont donné puissance et
» autorité de former et etablir une congregation d'eccle-
» siastiques, et de posseder et batir des colleges et
» seminaires, pour y effectuer et faire pratiquer les
» articles contenus en son livre des saints exercices...
» ..... Et pour marque d'une plus ferme autorisation
» Nosseigneurs ont promis lui donner tout secours,
» faveur et protection....... Et parce qu'ils prevoient

» que cet œuvre reussira à l'honneur de l'Eglise galli-
» cane , et au contentement des autres etats de ce
» roiaume, ils ont ordonné que la connoissance en soit
» donnée par toutes les provinces, à la diligence des
» Agents generaux. »

Ceci est tiré du premier tome des Mémoires du
Clergé, page 299 (117). — Ce bon prêtre n'eut pas le
plaisir de voir réussir ses bons desseins : il mourut trop
tôt ; d'autres ont profité de ses travaux.

[Je ne dois pas oublier Guillaume de Cerisay, chevalier, seigneur de Chastelet, baron du Hommet et de la
Rivière, bailli de Cotentin. — Notre ville lui est redevable de son église : les guerres précédentes et le temps
l'avoient ruinée ; la piété de ce grand homme et de
Jacqueline de Rentot, son épouse, la relevèrent, ou,
pour mieux dire, la bâtirent depuis les fondements en
1466, ainsi qu'il est écrit sur un carreau qui sert de
clef de l'arcade et au haut de la voûte de la chapelle
Saint-Crespin, qui est du côté du nord de cette église ;
et en outre [il] donna à cette église 130 livres de rente
par contrat de 1490.

Ce seigneur qui étoit, outre ce que nous venons de
dire, vicomte de Carentan, et qui fit bâtir la chapelle du
château de la Rivière, fut tellement distingué qu'il fut
choisi pour procureur général de l'Echiquier en 1464 :
en 1473, le roi Louis XI par ses patentes données à
Melun au mois de novembre, lui accorda haute justice
en sa terre et baronnie du Hommet, avec pouvoir de
commettre des officiers, un lieutenant, un vicomte, un

tabellion et autres ; dont l'année suivante il requit
l'entérinement.]

Carentan avoit autrefois sous sa juridiction treize
sergenteries et cent dix-huit paroisses : on en a retran-
ché pour la nouvelle création de la Vicomté et Election
de Saint-Lo. Il y a, dans cette étendue, des lieux fort
distingués, tels que sont Périers, la Haye-du-Puits,
Varenguebec, le Hommet, et plusieurs autres. Je fais
mention particulière de ces trois derniers à cause des
seigneurs qui les ont possédés, et dont les noms sont
célèbres dans notre histoire. Voici ce que j'en sais :

En 1398, il y eut différend entre Guillaume, vicomte
de Melun, administrateur des biens du comte de Tancarville, son neveu, fils de son frère, baron de Varenguebec, d'une part, — et Roger de Bricqueville, baron
de la Haye-du-Puits à cause de Jeanne Campion, son
épouse ;—ledit vicomte de Melun prétendant que la terre
de la Haye-du-Puits étoit un fief mouvant de sa baronnie dudit lieu de Varenguebec; — dans l'énoncé en cet
arrêt dont nous avons copie, nous y trouvons ce qui suit :

Richard Turstin ou Toustain, dit Haralduc ou Halduc,
épousa Emme, sœur de Robert, duc de Normandie, et
fut père de Eudes au Capel, lequel avec son père fonda
l'abbaye de Lessay en l'an 1036 et non, comme le
marque l'auteur du *Neustria Pia*, en 1064. Ces deux
seigneurs possédoient presque la quatrième partie de
[*la basse*] Normandie: « plures terras, et quasi quartam
» partem bassæ Normanniæ, » et, entre autres seigneuries, la baronnie de la Haye-du-Puits.

12

De cet Eudes, qui est dans cet arrêt nommé *Guy au Capet*, sortit un fils nommé Robert ; de celui-ci Raoul, et de Raoul Richard, tous lesquels furent surnommés *de la Haye*, cette baronnie de la Haye-du-Puits étant leur principale terre : « nuncupabantur *de Haya* eo » quod præfata terra erat principalis terra [*eorum*].

Ce Richard que j'ai nommé le dernier, épousa Mathilde de Vernon, fille de Guillaume de Vernon, seigneur de Varenguebec, Néhou et autres terres et seigneuries ; et, par ce mariage, cette terre de Varenguebec, laquelle avoit appartenu au comte et étoit du comté de Mortain, d'où elle avoit passé aux mains dudit de Vernon, revint aux mains dudit Richard de la Haye, lui ayant été donnée avec plusieurs autres terres en dot de sa femme ; et en outre ce Richard de la Haye fut connétable de Normandie, comme l'avoit été son beau-père.

De ce Richard et de Mathilde, son épouse, sortirent trois filles, Nicole, Isabelle [*et*] Gillette : elles séparèrent la succession de leurs père et mère de sorte que la première fut comtesse de Lincoln en Angleterre, la seconde fut dame de Rollos, épousant le seigneur du lieu, nommé Guillaume, auquel elle porta en dot de gros biens ; et enfin Gillette épousa Richard, seigneur du Hommet, de Beaumont et de plusieurs autres terres et seigneuries, auquel elle porta en dot la Haye-du-Puits et la baronnie de Varenguebec : lequel Richard du Hommet fut connétable de Normandie, « ex dono » ipsius Regis, et non ad causam suæ terræ. Et re qui- » dem Richardus et aliqui successores sui nomen et

» arma de Humeto portaverunt, et quod aliqui dictorum
» successorum Constabularii fuerant, dubitatum exstitit
» quod terræ dicti Richardi *Constabularia de Humeto*
» vocabantur. »

Richard du Hommet et Gillette de la Haye eurent
pour fils et successeur Guillaume du Hommet, qui fut
connétable de Normandie, baron de la Haye-du-Puits,
de Varenguebec, de la Luthumière et autres seigneuries, et fut père d'Enguerrand du Hommet, seigneur
des mêmes seigneuries. [*Cet Enguerrand*] fut père de
Jourdan, lequel fut père de trois filles, dont l'une fut
mariée au seigneur de Villiers, une autre au seigneur
de Hotot, et l'autre qui étoit l'aînée à Robert [*de*] Mortemer, à qui elle porta les baronnies de la Haye-du-
Puits et de Varenguebec, et la dignité de Connétable.

De ce Robert de Mortemer et de N. du Hommet sortirent deux fils : 1er Guillaume, et 2e Robert, IIe du
nom, surnommé de Mortemer. Nous parlerons de la
postérité de l'aîné, ensuite de celle du cadet.

Guillaume, fils aîné de Robert Ier, seigneur de Mortemer, et de la du Hommet, fut, comme son père, connétable de Normandie, seigneur de Mortemer, baron de
Varenguebec, de la Luthumière et autres grandes terres
et seigneuries : je ne sais point encore le nom de son
épouse, mais j'ai connoissance qu'il laissa une fille
héritière de ses grands biens. — Cette fille, nommée
Jeanne, fut mariée à Guillaume Crespin, seigneur de
Dangu, auquel elle porta le Bec, Mortemer, etc., avec
la même dignité de Connétable de Normandie.

Il sortit de ce mariage deux filles, Jeanne Crespin et Marie Crespin. — Jeanne, l'aînée, épousa Jean de Melun, comte de Tancarville, connétable de Normandie, et seigneur entre autres choses de Varenguebec, lequel eut pour fils Guillaume de Melun, comte de Tancarville, baron de Varenguebec, la Luthumière, etc. — L'autre fille dudit seigneur de Dangu, nommée Marie Crespin, fut mariée à Jean de Chalons, fils du comte d'Auxerre, à qui elle porta entre autres seigneuries la baronnie de la Luthumière.

A l'égard maintenant de Robert de Mortemer, fils puiné de Robert et de la du Hommet, il eut pour son partage la baronnie de la Haye-du-Puits. — Il eut deux fils : 1er Guillaume, et 2e Robert, IIIe du nom.

Guillaume eut un fils de son même nom Guillaume, qui, mourant sans enfants, laissa sa succession et celle de son père, c'est-à-dire la baronnie de la Haye-du-Puits, à Robert de Mortemer, IIIe du nom, son oncle.

Enfin, celui-ci eut pour fils et successeur Jean de Mortemer, lequel vendit la baronnie de la Haye-du-Puits à Macé ou Mathieu Campion, lequel fut père de Jeanne Campion qui, épousant Roger de Bricqueville, lui porta la baronnie de la Haye-du-Puits.

Ces seigneurs du Hommet, en la maison et famille desquels entra Gillette de la Haye-du-Puits, et auxquels elle porta une bonne partie des terres et seigneuries de la maison de la Haye, étoient d'une très-noble et illustre maison. Il y a très-peu d'abbayes ou monastères de Basse-Normandie et d'Angleterre à qui ces du

Hommet n'aient fait du bien, et dont on ne conserve
encore les chartes.

Richard du Hommet, connétable de Normandie,
épousa Agnès de Say, dame de Beaumont, fille de
Jourdan de Say, seigneur d'Aunay.—Ce beau-père et
ce gendre fondèrent l'abbaye d'Aunay, de religieux
bernardins, en 1131.

Nous apprenons de l'histoire de Normandie qu'en
l'an 1163 « Richard du Hommet, Connestable de Nor-
» mandie, secondé et suivi de la noblesse du pays, et de
» quelques Bretons, prit en la Bretagne le chasteau de
» Combourg, que Raoul de Foulgeres avoit tousjours
» retenu depuis la mort de Jean de Dol (*). » — Nous
apprenons aussi de celui qui a continué Robert du Mont
que « *Richardus de Humet* Connestabularius Regis,
» cum religiose vixisset anno uno et dimidio in abbatia
» de Alneto, quam ipse ædificaverat, obiit . . . . . (**). »

J'ai dit *de celui qui a continué Robert du Mont,*
parce que nous apprenons de Mathieu Paris que la
Chronique de cet abbé ne passe pas l'an 1157. Voici ses
propres termes, extraits de la fin de cette même année
1157, et de la page 68 : « Huc usque *Robertus Abbas* de
» *Monte Sancti Michaelis* Chronica sua digessit. »

Richard du Hommet et Agnès de Say laissèrent trois

(*) Gab. Dumoulin, *Histoire générale de Normandie*, pag. 383.
(**) Roberti de Monte *Appendix ad Sigebertum*, ap. Dom
L. d'Achery, ad calcem *Oper. Vener. Guiberti, abb. B. M. de Novi-
gento*, pag. 803.

fils : 1er Guillaume qui suit ; 2e Enguerrand, et 3e Jourdan.—Jourdan mourut jeune ; Enguerrand épousa la fille de Guillaume de Semilly, dont il eut un fils qui porta le nom de Jourdan, comme son oncle.

Guillaume du Hommet fut, comme son père, connétable de Normandie : il épousa Luce. Il assista en 1190 à la dédicace de l'église abbatiale d'Aunay, que son père et son aïeul maternel avoient fondée. On a encore la charte par laquelle il donna le patronage de l'église de Langrune, à trois lieues de Caen, proche la mer, et confirma les autres donations faites par ses prédécesseurs à cette même abbaye. Il fit ces donations, dit-il, « assensu » et voluntate filiorum meorum .... *Richardi de* » *Humeto*, et *Willelmi*, et *Henrici*, et *Jordani*, et » *Thomæ*, et *Enguerranni* », pour le salut de son âme, [*de*] celles de son père et de sa mère, et de sa femme Luce, « et Luciæ, uxoris meæ ».

J'ai trois chartes de ce seigneur en faveur de l'abbaye de Saint-Sauveur-le-Vicomte, ou plutôt du prieuré de Saint-Pierre de la Luthumière qui en dépend ; voici quelque chose de chacune, parce qu'il me paroît d'un genre si particulier qu'il me semble mériter d'être inséré ici.

Par la première il donne « Deo et abbatiæ Sancti » Salvatoris in Constantino centum solidos usualis mo- » netæ annuatim percipiendos in præpositura mea de » Luthumiera », payables, savoir : cinquante sols à la Saint-Michel, et cinquante sols à Pasques, et ce pour les moines qui demeurent à Saint-Pierre de la Luthumière.

Il accorde de plus à ces mêmes religieux d'avoir en son logis une nourriture en pain et en viande, autant qu'il en est nécessaire pour la nourriture de deux chevaliers, pendant que lui ou son épouse sera en ce manoir ; et en outre un gaion de vin. Voici les termes :

« Concessi etiam prædictis monachis cibationem » suam sicut duobus militibus in pane et aliis fer- » culis, in hospitio meo de Luthumiera, scilicet quandiu » ego vel uxor mea ibi moram faciemus, et unum galo- » nem vini singulis diebus, etc. » Cette charte est datée de 1232.

Par la seconde il donne à ces mêmes religieux de Saint-Pierre de la Luthumière quatre quartiers de froment à prendre sur le moulin de ce lieu ; et par la dernière il confirme cette même donation, et ce qu'il y a de singulier, c'est que sa femme et deux de ses enfants, dont il en nomme un Richard du Hommet et l'autre Guillaume de Say, sont au nombre des témoins : « His » testibus, » dit-il, « Richardo de Humeto et Guillelmo » de Say, filiis meis, Lucia, uxore mea, — Radulpho » capellano, Gaufrido de Foucigny, Rogerio Fauchon, » Petro Gastone, Richardo de Sothevast, et aliis. »

L'auteur du *Neustria pia* marque la mort de ce Guillaume du Hommet en l'an 1181 ; il y a de l'erreur, puisqu'il assista à la dédicace de l'église [*de l'abbaye*] d'Aunay en 1190. De même cette charte des donations faites au prieuré de Saint-Pierre de la Luthumière, que nous venons de citer, est de 1232 : j'estime aussi qu'il y a de l'erreur ; Guillaume du Hommet étoit mort en ce

temps, et je crois que le premier de ces dates doit être
1191, et le dernier 1202 (118).

Quoi qu'il en soit, Guillaume du Hommet laissa six
fils, nous les venons de nommer : ils sont au commencement de la charte des dons et priviléges que leur père
accorda à l'abbaye d'Aunay, lors de sa dédicace. Nous
parlerons de l'aîné ci-après.

Guillaume, le deuxième, se fit moine à Caen, et ensuite il fut abbé de Westminster (*). — Jourdan fut
archidiacre et après évêque de Lisieux. Ce fut lui qui
fonda, en 1214, l'abbaye de Montdée, et unit, du consentement de l'évêque de Bayeux, à son église de
Lisieux la baronnie de Nonant et toutes ses dépendances, qui sont cinq paroisses : Nonant, Jueye, Ellon,
Verson et Mouën, qu'il avoit eues pour son partage de
la succession de ses père et mère (119).—Je ne sais rien
des autres.

Richard du Hommet, IIᵉ du nom, leur aîné, est celui
dont nous avons parlé ci-dessus, qui épousa Gillette,
dame de Varenguebec, la Haye-du-Puits et autres seigneuries. Il y a une charte (je ne l'ai pas vue) de
Richard, roi d'Angleterre, donnée à Chinon, en laquelle
sont signés comme témoins Geffroy, évêque de Winton,
et Guillaume de Sainte-Mère-Eglise, doyen de Mortain,
par laquelle il lui confirme ses successions, tant du

(*) Mathieu Paris, sur l'an 1222, dit : « Eodem quoque anno obiit
» Willielmus de Humeto, Abbas Westmonasteriensis XIIᵉ Calendas
» Mai, cui successit Richardus de Borking. » (T. de B.

côté de son père que de celui de sa mère (120). Sur quoi
il est bon de remarquer que ce Richard, roi d'Angleterre, étant mort le 6ᵉ jour d'avril 1199, après un règne
de neuf ans et deux mois, ce fut dans cet intervalle de
temps que notre Richard devint héritier tant de son
père que de celui de son épouse.

Du mariage de ce seigneur Richard du Hommet avec
Gillette de la Haye sortit Guillaume du Hommet, [qui]
fut marié deux fois. Sa première épouse avoit nom Lau-
rence ; elle fut inhumée à Aunay sous cette épitaphe :

« Hic jacet D. Laurentia uxor D. Willelmi de
» Humeto quæ obiit anno Domini 1240. Requiescat in
» pace. [Amen.] »

La seconde fut Eustache, fondatrice du prieuré de la
Perrine, morte le 4 mai 1254, comme l'obituaire de la
Perrine le témoigne : « 4° nonas Maii, anno Domini
» 1254, obiit Domina D. Eustachia, fundatrix istius do-
» mus : anima ejus requiescat in pace. » — La mort de
son mari, duquel nous avons parlé ci-dessus et rapporté
quelques chartes en faveur de ce monastère (121), est
marquée dans ce même obituaire au 23 août, mais sans
désigner l'année, en ces termes : « Decimo kalend. sep-
» temb. Obitus D. Willelmi de Humeto, Connestabu-
» larii Normanniæ, cujus uxor domum istam fundavit. »

Enfin, ce Guillaume fut père d'Enguerrand, et cet
Enguerrand le fut de Jourdan, dont les trois filles par-
tagèrent la succession, et la portèrent aux maisons de
Mortemer, de Villiers, et de Holot, comme nous avons
dit (122).

Au commencement du xvi° siècle Carentan appartenoit à la maison de Rohan. Nous avons plusieurs actes
par lesquels il paroit que René de Rohan étoit seigneur
de Carentan. En l'an 1557, Antoine, roi de Navarre,
en qualité de curateur honoraire des biens et de la personne de Henri de Rohan, son cousin, pourvut M° Pierre
Guillote, chanoine scholastique de Coutances, à la cure
de Carquebut, dont le seigneur de Carentan est le patron. Voici quelques termes de ce que j'en ai extrait du
livre du secrétariat de l'Evêché de Coutances ; je l'insère
ici parce qu'il contient presque entièrement l'énuméra-
tion des titres et qualités de ce prince ; les voici :

« Antoine, par la grace de Dieu, Roy de Navarre,
» seigneur souverain de Bearn, duc de Vendosmois, de
» Beaumont, de Nemours, de Perdriac, de Montbrun,
» de Penaflor; comte de Foix, d'Armagnac, de Vi-
» laines, de Brionne, [de] Peyrere, de Mares ; vicomte
» de Limoges, Marsan, Tarsan, Gueversan, d'Aileurs,
» Tartas, Marduras, Lautrec et Villemur ; baron d'E-
» pernon ; pair de France ; curateur honoraire de la
» personne et des biens de Henry de Rohan, etc. (a). »

Il y a encore des actes dans ces mêmes registres du
secrétariat, par lesquels il paroit qu'en 1542 René de
Rohan étoit et s'intituloit baron de Carentan. — Cette
maison possède encore en ces cantons la seigneurie de
Marigny et de Remilly.

(a) VAR. « ...... curateur honoraire de Henry, seigneur de
» Rohan, vicomte de Carentan. »

Voici quelques épitaphes et inscriptions (123) que
nous avons trouvées en l'église de Carentan : la première
est de ce versificateur dont nous avons tant parlé, M. Le
Rocquez; la voici :

O toi passant qui marche ce tombeau,
Baissant les yeux sur cette dure pierre,
Arreste toi, non pour voir en la terre
Ce quelle enclos, qui n'est ni bon ni beau :
Les os d'un mort y sont avec la peau
Tous putrefaicts, ce qui ton cœur parterre;
Ce corps poudreux que la mort tient en serre
Est indigne de jetter au corbeau;
Mais plustost voi de l'œil de ta pensée
L'ire et douceur du grand Dieu balancée
Sur les mortels dormans au monument.
Recorde toi que toute humaine race
Comparoistra un jour devant sa face,
Pour recevoir son dernier jugement.
1530.
Fors Dieu tout passe.

Villes de Saint-Lo et de Carentan.

APPENDICE.

NOTES ET PIÈCES JUSTIFICATIVES.

Note (1), pag. 1re.

Les armes de la ville de Saint-Lo sont *de gueules à la licorne furieuse d'argent, onglée et accornée d'or, au chef d'azur à trois fleurs de lis d'or.*

Ces armes, que Toustain reproduit ici avec une inexactitude qui ne lui est pas ordinaire, n'ont point d'origine certaine ; peut-être remontent-elles à l'origine même du blason : le champ *de gueules* et *la licorne furieuse d'argent* paraissent appartenir à l'écusson primitif ; le chef *d'azur* et *les trois fleurs de lis d'or* révèlent une concession royale se rapportant probablement au xve siècle, à une époque voisine de l'expulsion définitive des Anglais.

Guillaume Ybert, dans son poème sur Saint-Lo, parlant de ces armoiries sculptées sur la porte de l'hôtel-de-ville, s'exprime ainsi :

Sed quid habet sensum protento publica cornu
Rhinocerota domus signatum ad limina saxo ?
Forsitan in signum assumptus (ni laserit omen)
Civibus ipse sua portendit in urbe futurum
Roboris invicti corpus, nasique sagacis,
Ut petet ex cornu, summis quod naribus instal :
Nam si parva mihi fas est componere magnis,
Qualis erat Romæ, quæ regia dicitur ales,
Talis rhinoceros Sanlaudi pietas habetur.

NOTE (2), pag. 2.

Guillaume Ybert, prêtre, professeur d'humanités et principal du collége de Saint-Lo, naquit en cette ville, vers l'année 1630. Il cultiva avec succès la poésie latine, et publia, dans la seconde moitié du XVIIᵉ siècle, diverses pièces de vers fort bien accueillies en leur temps. — La plus importante, par son étendue et par son objet, est, sans contredit, celle qui a pour titre *Urbs Sanlaudus*, et qui fut imprimée à Saint-Lo, chez Jean Pieu, en 1668, petit in-4º de 26 pages. Dans cette pièce, l'auteur décrit, avec un vif sentiment d'affection, les beautés du site de sa ville natale, vante la fertilité des campagnes qui l'environnent, rappelle les événements de son histoire, et célèbre les vertus et les talents des hommes distingués dont elle fut le berceau.

Le *Sanlaudus* a été traduit en français par feu M. Pillet, professeur de rhétorique au collége de Bayeux : sa traduction a été imprimée deux fois avec le texte et des notes, d'abord in-12, Saint-Lo, Elie fils, dans *l'Annuaire du département de la Manche* pour 1837, où elle occupe les pages 147 à 201; et ensuite à Bayeux, in-8º de 54 pages, C. Groult, 1840.

Les exemplaires des pièces de Guillaume Ybert sont devenus fort rares. — Outre le *Sanlaudus*, les pièces que l'on connaît de lui sont :

1º Anagramme sur M. de Loménie de Brienne, évêque de Coutances, imprimé à la suite du *Sanlaudus* ;

2º *In solemnem reliquiarum divi Laudi pompam Sanlaudi*

celebratum anno D. 1679, 23 *die maii*, pièce de 86 vers hexa-
mètres, probablement imprimée chez Jean Pien, petit in-4° de
4 pages (Voy. *infra*, note 90) ;

3° *Cereale carmen*, pièce de 134 vers, imprimée chez la veuve
Pien, sans date, in-4°.

Guillaume Ybert mourut vers la fin du XVII° siècle, ou le
commencement du suivant.

NOTE (3), pag. 2.

Luc Duchemin de la Haulle, seigneur et patron du Mesnil-
Durand et de Hébécrévon, conseiller du Roi en ses Conseils,
lieutenant général civil et criminel au bailliage de Saint-Lo,
naquit à la Meauffe, le 2 février 1611. Fils d'un homme
recommandable, redouté des Huguenots et chargé de missions
importantes par le roi Henri IV, il fit d'excellentes études,
quoiqu'il eût perdu son père de très-jeune âge : il avait à peine
vingt-cinq ans lorsqu'il fut, en 1636, pourvu de la charge de
lieutenant général civil et criminel au bailliage de Saint-Lo.
Il y fut reçu en 1639, rendit, dans ces fonctions, d'éminents
services à l'Etat et à ses concitoyens, surtout pendant la minorité de Louis XIV : il en fut récompensé, le 13 mai 1653,
par un brevet de Conseiller d'Etat (Voy. *supra*, pag. 138, 140
et suiv.) : plus tard, le 9 juillet 1677, il fut déclaré « exempt
» de contribuer pour l'Arrière-Ban,.... à cause de ses services,
» tant dans les fonctions de sa charge que dans le soin qu'il
» avoit pris en 1674 de lever et discipliner les troupes desti-
» nées à la défense des côtes de Normandie contre l'Armée
» navale de Hollande. » (*D'Hozier, Armorial général de
France*, V° DUCHEMIN.)

Magistrat distingué, Luc Duchemin fut en rapport avec
toutes les notabilités de son temps, cultiva les lettres et en-
couragea les personnes qui se livraient à l'étude. La pièce
élégiaque qu'il a composée sur le *Santaudus* de Guillaume

Ybert, *In urbem Sanlaudum et authoris poema*, comprend 118 vers dont les six derniers renferment l'éloge de l'auteur : Toustain en cite plusieurs fragments dans le cours de son *Mémoire sur la ville de Saint-Lo* (Voy. *supra*, pag. 10, 128, 152, 153 et 155).

Luc Duchemin exerça les fonctions de sa charge jusque dans un âge avancé : il mourut en l'année 1084.

NOTE (4), pag. 4.

Où trouver l'emplacement de cette ville ? — Cette question a pendant long-temps donné naissance à des solutions très-divergentes. Si Sanson le fixait à Thorigny, l'abbé Lebeuf (*Mém. de l'Acad. des Inscript.*, tom. XXI, pag. 489 *et suiv.*) le reportait à Vieux près Caen ; l'abbé Belley (*Mém. de l'Acad. des Inscript.*, tom. XXVIII, pag. 475 *et suiv.*) et d'Anville (*Notice de l'anc. Gaule*, v° AUGUSTODURUS) à Saint-Fromond ou dans les environs ; aidés de récentes découvertes, M. l'abbé De La Rue (*Nouv. Ess. hist. sur la ville de Caen*, tom. 1er, pag. 3 *et suiv.*) et M. Lambert (*Notice histor. sur l'arrondissem. de Bayeux*, pag. 10 et 11) ont établi qu'il ne peut être ailleurs qu'à Bayeux ; M. de Gerville (*Mém. de la Soc. des Antiq. de Normandie*, tom. V, pag. 48, et *Mém. sur les villes et voies romaines en Basse-Normandie*, pag. 30 *et suiv.*) et M. de Caumont (*Cours d'antiq. monum.*, tom. II, pag. 17, 61, 110 *et suiv.*) ont adopté cette opinion qui ne trouve point de contradicteur aujourd'hui.

Crouciatonum ou *Crociatonum*, le Οὐινελίων Κρακιατονόν de Ptolémée, le *Crouciaconnum* de la table de Peutinger, n'a pas moins embarrassé les savants : Adrien de Valois (*Notitia Galliarum*, v° CONSTANTIA) fixe son emplacement à Coutances ; quelques autres à Carentan ; et c'était, selon Masseville (*Etat géograp. de la prov. de Normandie*, tom. 1er, pag. 428 *et suiv.*), « le sentiment le plus autorisé ». Quoi qu'il en soit, l'abbé Lebœuf (*Mém. de l'Acad. des Inscript.*, tom. XXI, pag. 491) le reporte à Couvains ou à *Crevon* près Saint-Lo, « suivant, dit-il, l'opinion commune que je crois bien fondée » ; l'abbé Belley (*Mém. de l'Acad. des Inscript.*, tom. XXVIII, pag. 475 *et suiv.*) et d'Anville (*Notice de l'anc. Gaule*, v° CROCIATONUM) le reportent jusqu'à Valognes, et même à Alcaume, où l'on avait découvert les vestiges d'une grande ville. M. de Gerville *(Mém. de la Soc. des Antiq. de Normandie*, tom. V, pag. 47 *et suiv.*; *Mém. sur les villes et voies rom. en Basse-Normandie*, pag. 27 *et suiv.*; *et supplém. à ce mém.*, pag. 5) le fixe à Saint-Côme-du-Mont ; M. de Caumont (*Cours d'Antiq. monum.*, tom. II, pag. 17, 00 *et* 64) adopte cette opinion qui paraît la mieux appuyée.

www.ingramcontent.com/pod-product-compliance
Lightning Source LLC
Chambersburg PA
CBHW070636100426
42744CB00006B/700